SIBYLLE LUI

Welches — Pferd passt zu mir?

PFERDERASSEN
UND IHRE
BESONDERHEITEN

EXTRA — Rassetest

KOSMOS

☞ *Inhalt*

6 EIN EIGENES PFERD

6 Partner Pferd
8 Gut geplant
12 Der Pferdekauf

22 TRAUMPFERD GESUCHT

24 Achal-Tekkiner
26 Appaloosa
30 Arabisches Vollblut

34 Camargue-Pferd
38 Clydesdale
40 Connemara-Pony
42 Criollo
44 Deutsches Reitpony
46 Deutsches Warmblut
52 Englisches Vollblut
56 Fjordpferd
58 Freiberger
60 Friese
64 Haflinger
68 Islandpferd

72	Knabstrupper	104	Shetland-Pony
74	Lipizzaner	108	Shire Horse
78	Lusitano	112	Tinker
80	Noriker	116	Trakehner
82	Paint Horse	120	Welsh-Pony
84	Palomino		
86	Paso Fino		
88	Paso Peruano	**124**	**SERVICE**
90	Percheron	125	Zum Weiterlesen
92	Pura Raza Española	125	Nützliche Adressen
96	Quarter Horse		
100	Schwarzwälder Fuchs		

EIN EIGENES PFERD
— Wenn Träume endlich wahr werden…

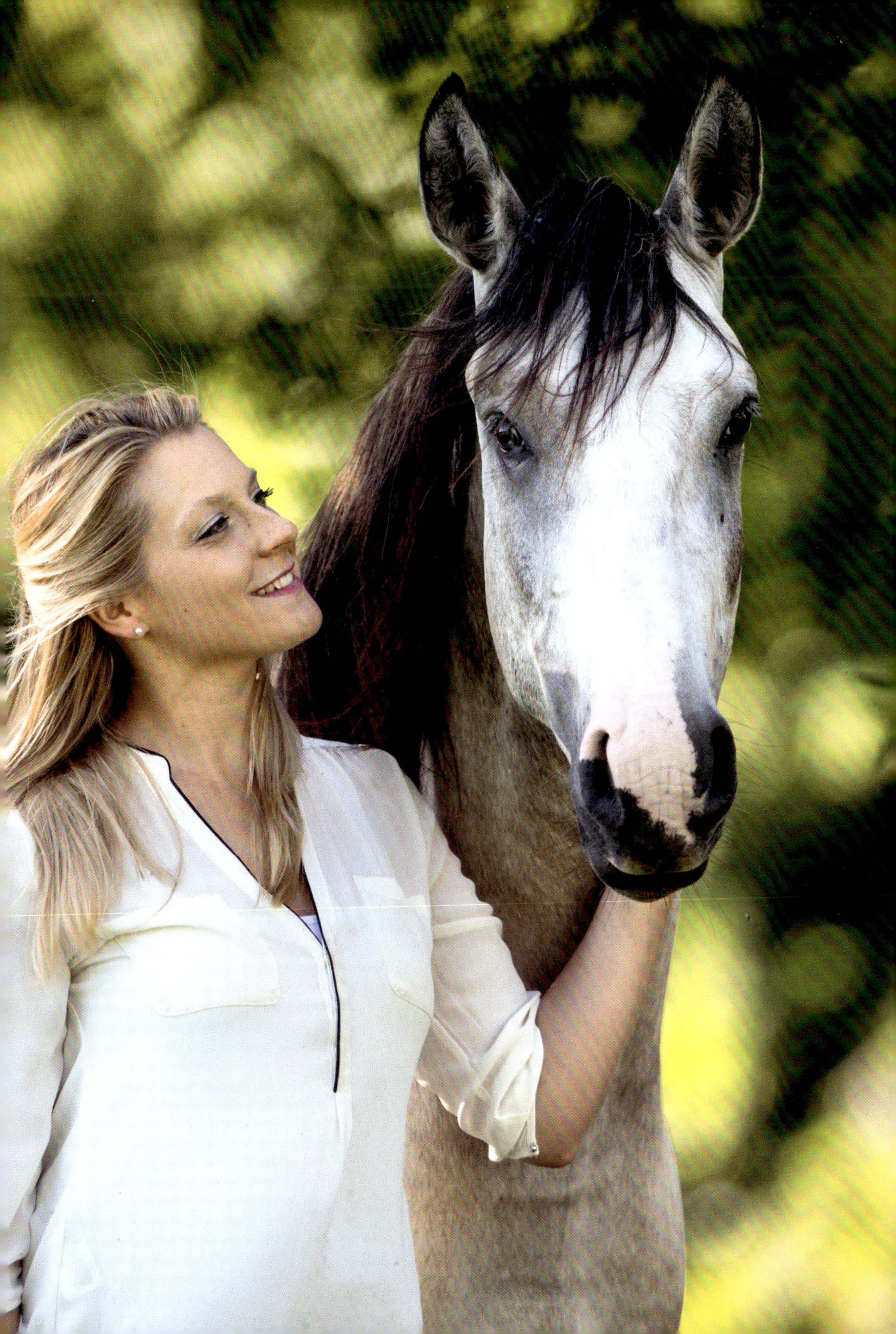

Mit dem eigenen Pferd erlebt man so viel mehr als nur Reiten.

Partner Pferd

Für die meisten Menschen ist das Pferd ein treuer Freund, der sie über viele Jahre begleitet. Freundschaft kann man nicht kaufen, aber die Beziehung zum eigenen Pferd ist immer eine ganz besondere.

Kennen Sie das auch, diese Tage, an denen man das Gefühl hat, dass einfach alles schiefgeht? Beim Frühstück fällt Ihnen der Marmeladetoast – natürlich mit der klebrigen Seite nach unten – auf die frisch gewaschene Hose, danach springt das Auto nicht an, als es endlich doch läuft, bleiben Sie im Stau stecken und im Büro werden Sie schon sehnlichst erwartet, weil etwas schiefgelaufen ist.
Der Gedanke daran, dass Sie abends noch in den Stall „müssen", dass das Pferd bewegt werden will, erscheint Ihnen wie eine zusätzliche Bürde. Doch dann biegen Sie um die Stallecke und hören ein lautes, vertrautes Wiehern. Der Vierbeiner steht mit gespitzten Ohren und vor Ungeduld scharrend im Auslauf. Sie rufen: „He, du Spinner, lass das!", aber Sie lächeln dabei. Und dann bläst das Pferd Ihnen seinen warmen, haferduftenden Atem ins Gesicht und brummt zärtlich. Plötzlich ist die Welt wieder in Ordnung.

Sie begrüßen Ihr Pferd, putzen und satteln, sitzen auf und los geht es. Der Ärger heute? Vergessen Sie's! Jetzt zählt das zufriedene Schnauben, die gleichmäßige Bewegung des Pferdes, das gemeinsame Tun. Die Mähne wippt, die Pferdeohren spielen aufmerksam. Das ist es. Diese Momente zählen!

Man muss das Pferd, mit dem man solche Momente erlebt, nicht besitzen. Aber man muss mit ihm vertraut sein. Und die Zeit und die Nähe, die es braucht, um Vertrauen aufzubauen, bekommen die meisten von uns nur mit dem eigenen Pferd. Und ja, diese Glücksmomente sind ein Grund dafür, sich krummzulegen, damit man sich ein Pferd leisten kann; sie sind ein Grund dafür, morgens eine Stunde früher aufzustehen, damit man das Rösslein noch vor der Arbeit auf die Koppel bringen kann; sie sind ein Grund dafür, im Winter auf dem eiskalten Reitplatz zu frieren und im Sommer zu schwitzen.

Leben Sie Ihren Traum

Ich vermute, dass ich im Lauf meines Reiterlebens den Gegenwert eines Häuschens in die Vierbeiner investiert habe – und ich bereue es bis heute nicht. Auch die wegen der Pferde versäumten Urlaube fehlen mir kein bisschen. Denen gegenüber stehen Lala, Latin Lover, Robin Goodfellow und Charly Brown (der übrigens ein Schimmel war).

Da war die Nacht auf dem Gestüt, in der ich im Stutenstall auf einem Strohballen saß und auf ein Fohlen gewartet habe. Gegen halb drei morgens wurde es geboren, lackschwarz, die Ohren noch am Köpfchen klebend. Zwei Stunden später stand ich dann vor dem Stall, schaute in den schwarzsamtenen Himmel, der mit funkelnden, goldenen Sternen besetzt war und war einfach nur glücklich.

Ich erinnere mich an den Tag, an dem mir Robin, der zurückhaltende, schwierige Robin, morgens entgegenwieherte; und wie die alte Lala ihren Kopf auf meine Schulter legte, wenn ich sie von der Koppel holte, und wie Charly, der Angeber, den Hals stellte, die Hinterhand unterschob und zu passagieren anfing, wenn wir im Gelände Spaziergänger trafen. Ich erinnere mich aber auch an die Sommernacht, in der Lala eine Kolik hatte. Ich weiß noch genau, wie ich vier Stunden neben Robin wachte, als die Infusion lief, und wie ich mit Charly litt, als er auf drei Beinen stand und wir auf den Tierarzt warteten.

Warum ich Ihnen das so ausführlich erzähle? Ganz einfach: Ich möchte im Weiteren nicht in den Verdacht geraten, Ihren Traum zu sabotieren. Ich verstehe, dass Sie sich ein Pferd wünschen und ich möchte Ihnen gerne dabei helfen, Ihren Traum zu verwirklichen. Aber es ist unglaublich wichtig (in aller Interesse – Ihrem und dem Ihres künftigen vierbeinigen Partners), realistisch zu sein und gründlich zu überlegen, ob und wie ein eigenes Pferd in Ihr Leben passt. Und natürlich, welches Pferd sich am besten für Sie eignet.

Ein treuer Freund!

Gut geplant

Ein Pferd zu kaufen, ist keine Entscheidung fürs Leben – aber eine, die sich für eine sehr lange Zeit auswirken kann. Daher lohnt es sich durchaus, vorher eine gründliche Denkpause einzulegen.

Der erste Punkt, der vor einem Pferdekauf bedacht werden muss, ist tatsächlich das liebe Geld. Immer wieder werde ich um Rat und Begleitung beim Pferdekauf gefragt. Sehr erstaunt war ich, als eines Tages eine Bekannte kam und mich bat, mit ihr zwei Pferde anzuschauen, die sie gerne kaufen würde. Ich wusste, dass sie nicht mit irdischen Reichtümern gesegnet ist, und so erlaubte ich mir die Frage, wie sie denn vorhabe, ein eigenes Pferd zu finanzieren. Sie erklärte mir darauf, dass sie schon ein ganzes Jahr gespart und ein nettes Sümmchen – rund € 5.000 – auf ihrem Konto gesammelt habe. Das reiche doch, oder? Ja, wenn man gut verhandelt, kann man für dieses Geld sogar ein Pferd mit kompletter Ausrüstung bekommen – Sattel, Zaumzeug, Stallhalfter, Decke. Dabei stellen sich dann aber gleich zwei Fragen:
1. Was für ein Pferd bekommen Sie für das Geld?
2. Wie geht es nach dem Kauf weiter?

Ein Pferd zu kaufen ist eine Entscheidung für lange Jahre. Es ist wichtig, sie vorher gut zu überdenken.

Der richtige Stall

Fangen wir von hinten an. Die wenigsten von uns sind auf einem Rittergut zu Hause, auf dem man nur ein bisschen umräumen muss, um den alten Stall wieder pferde-einzugstauglich zu machen. Sollten Sie aber zu den Glücklichen gehören, die den Freizeitkameraden im eigenen Stall unterbringen können – Gratulation dazu und Sie sind in Gnaden entlassen! Den ersten Teil dieses Kapitels müssen Sie nicht lesen.
Für alle anderen gilt: Lassen Sie uns erst einmal überlegen, wie Sie Ihr Pferd halten wollen. Prinzipiell gibt es drei Möglichkeiten.

SELBSTVERSORGER IN DER STALLGEMEINSCHAFT

Es ist die preiswerteste, aber zeitaufwendigste Möglichkeit: Suchen Sie sich ein paar Gleichgesinnte und pachten Sie eine geeignete Wiese mit Unterstand – oder wenigstens der Möglichkeit, einen darauf zu errichten, wozu es auch einer Baugenehmigung bedarf.
Aber bitte geben Sie sich keinen Illusionen hin: Selbst in einer Stallgemeinschaft mit mehreren engagierten Leuten müssen Sie sich darauf einstellen, dass Pferdehaltung harte Arbeit ist. Sie müssen füttern, tränken, misten, Raufutter und Kraftfutter organisieren, Pferde raus- und reinbringen und die Koppel befestigen. Sonst haben Sie im Winter erst grundlosen und dann vereisten Matsch – und Sie können schon einmal den Tierarzt bestellen, denn Mauke und Belastungsrehe werden Probleme machen.
Überlegen Sie gut, ob es Ihnen das wert ist und ob Sie wirklich genug Zeit haben, sich nicht nur in der Stallgemeinschaft einzubringen, sondern auch noch Ihr Pferd mit Freude zu bewegen!

DER STALL BEIM BAUERN

Nehmen Sie „beim Bauern" bitte als Synonym für einen relativ kleinen Stall, wie man ihn oft bei Landwirten findet, die zum Beispiel den ehemaligen Kuhstall umgebaut haben. Sie bieten auf ihrem Hof Unterkunft fürs Pferd, Koppel, manchmal auch einen Sandplatz – und über den Rest kann verhandelt werden.
Ich war mit einem meiner Pferde für einige Zeit in einem solchen Stall – und wir haben uns dort sehr wohlgefühlt. Ich zahlte ungefähr zwei Drittel von dem, was ein großer Pensionsstall in meiner Nähe gekostet hätte, im Preis waren Heu und Hafer für meinen Schwarzen enthalten, außerdem wurde gemistet und gestreut, er wurde – außer, wenn es aus Eimern regnete – auf die Sommer- oder die Winterkoppel geführt und wieder reingeholt. Stall, Koppeln und der Reitplatz waren sehr gut gepflegt, es gab ein herrliches Ausreitgelände mit viel Wald und Wiesen, aber ich gestehe: Im strömenden Regen auszureiten oder auf einem offenen Platz mit dem Pferd zu arbeiten, ist kein Vergnügen. Wer in dieser Beziehung mehr Luxus und zum Beispiel eine Reithalle möchte, muss dann doch tiefer in die Tasche greifen.

Erst Stallsuche, dann Pferdekauf?

Pferde brauchen Auslauf und Gesellschaft. Achten Sie bei der Auswahl des

Eine Box mit Auslauf bietet dem Pferd jederzeit die Möglichkeit, draußen zu sein.

IM PENSIONSSTALL

Vollversorgung, Box, Koppel, Reit- und Longierplatz, Reithalle, Aufenthaltsraum für die Reiter – das sind die Leistungen, die Pensionsställe üblicherweise anbieten. Dazu kommt in den meisten Fällen noch die Möglichkeit zum Reitunterricht. In einem Stall, in dem Reitstunden angeboten werden, bekommen Sie häufig auch Beritt – und das ist nicht nur hilfreich, wenn Sie für Ihren Vierbeiner zusätzlich Ausbildung brauchen, sondern auch, wenn Sie einmal ein paar Tage nicht da sind, krank werden oder doch einmal in Urlaub fahren wollen. Generell gilt: Je mehr Komfort Sie wollen, desto teurer wird es.

Kostenplanung

Mit dem Kaufbetrag für das Pferd, der Anschaffung von Ausrüstungsgegenständen und dem kalkulierten monatlichen Pensionspreis ist es aber nicht getan. Bitte werden Sie sich im Vorfeld auch über die laufenden Kosten klar.

Der Schmied sollte regelmäßig nach den Hufen Ihres Pferdes sehen. Ein Vollbeschlag kostet um die € 120, Ausschneiden zwischen € 30 und € 80. Diese Kosten fallen ungefähr alle sechs Wochen an. Auch gesunde Pferde brauchen den Veterinär. Der Tierarzt kommt für Impfungen. Wurmkuren können Sie meist selbst durchführen, aber

Stalles darauf, dass er ausreichend Koppeln hat und die Pferde raus dürfen.

die Mittel müssen regelmäßig verabreicht werden, damit der Vierbeiner gesund bleibt. Vielleicht finden Sie eine Krankenversicherung fürs Pferd sinnvoll, wichtig ist aber auf jeden Fall die Tierhalterhaftpflicht. Ausrüstungsgegenstände müssen immer wieder ersetzt werden und auch der Sattel muss regelmäßig von einem Fachmann auf seine Passform überprüft werden.

Damit immer noch nicht genug: Bitte bedenken Sie, dass Ihr Pferd die nächsten Jahre bei Ihnen bleiben soll. Folglich summieren sich die Kosten über ein paar Jahre – und irgendwann, wenn Ihr Pferd älter wird, sollte es auch noch für eine Pensionistenkoppel reichen.

Nehmen Sie sich Zeit

Wie lange haben Sie Ihren Partner gekannt, bevor Sie mit ihm/ihr zusammengezogen sind? Mit dem Pferd geht man auch eine Langzeitbeziehung ein – und darum sollte man sich für die Anschaffung Zeit lassen. Springen Sie nicht gleich aufs erste Angebot an, vergleichen Sie, fahren Sie ruhig ein bisschen durch die Gegend oder gönnen Sie sich doch gleich einen Urlaub! Teilweise lohnt es sich nämlich, im Ausland einzukaufen. Ein professioneller Transport kostet nicht die Welt – und eine spezialisierte Spedition organisiert Ihnen Abholung und Anlieferung von jedem Ort der Welt.

Sympathie auf beiden Seiten ist eine wichtige Voraussetzung für eine gelungene Pferd-Mensch-Beziehung.

Der Pferdekauf

Ein Pferdekauf wird heute nur noch selten per Handschlag besiegelt, Ankaufsuntersuchung und Vertrag sind üblich. Aber bei aller Vernunft muss auch das Bauchgefühl stimmen, das Ihnen sagt: Dieses Pferd ist das richtige!

Zwei wichtige Fragen sind vor dem Pferdekauf zu beantworten:
1. Was für ein Pferd brauchen Sie?
2. Was für ein Pferd wollen Sie?
Darin, die beiden Anforderungen in Übereinstimmung zu bringen, liegt für mich das „Geheimnis" des gemeinsamen Glücks. Auf der Basis dieser Übereinstimmung kann nämlich echte Harmonie entstehen – und die wünschen wir uns alle.
Aber wie kommt man zu dieser Übereinstimmung? Der erste Tipp: Machen Sie unseren Test. Damit haben Sie schon eine Ahnung, in welche Richtung es geht. Der zweite Tipp: Schreiben Sie eine Liste für beide Punkte.
Wenn ich eine solche Liste zu schreiben hätte, stände unter Punkt 1:
— Gewichtsträger
— Geländesicher
— Dressurtalent
— Englisch zu reiten

Unter Punkt 2 fände sich auf meiner Liste:
— nicht zu groß
— elegant, mit Bewegungspotential
— gerne ein Schimmel

Wenn ich diese Listen nun zusammenführe, sehe ich für mich entweder einen europäischen Warmblüter oder ein Barockpferd. Und wenn ich nun an meinen Geldbeutel denke, würde ich vermutlich bei einem Lipizzaner landen. Innerhalb der Rasse lassen sich relativ leicht Gewichtsträger finden, sie haben Dressurtalent, sind tolle Geländepferde, blitzgescheit, sie sind edel – was wollte ich mehr?

Andere haben andere Bedürfnisse. Wenn Sie im Sport mitreiten wollen, wenn Sie Schecken lieben oder schon immer vom Gangpferd geträumt haben, geht es in eine andere Richtung.

Wie alt sollte das Pferd sein?

Und wie alt sollte Ihr Vierbeiner bei der Anschaffung sein? Oft liest man, dass Reitanfänger sich ein möglichst erfahrenes Pferd anschaffen sollten, während vierbeinige Youngsters nur etwas für erfahrene Reiter wären. Wenn das funktionieren würde, wäre es so etwas wie ein „Reißverschluss-System": Der junge Reiter fängt mit dem erfahrenen Pferd an und lernt von diesem Pferd so viel, dass er ein erfahrener Reiter wird. Als solcher kann er ein junges Pferd ausbilden, das wiederum, wenn es genug Erfahrung hat, wieder bei einem Anfänger landet.

Der Haken ist nur: Es funktioniert meist nicht – es sei denn, Sie als der Anfänger haben einen ganz großen Geldbeutel. Sie können sich selbst

Manchmal ist es auch eine Option, ein Fohlen zu kaufen.

Ein eigenes Pferd — Der Pferdekauf

Für ein gut ausgebildetes Dressurpferd müssen Sie schon einen größeren Betrag ausgeben.

ausrechnen, warum das so teuer wird: Für ein gutes, rohes Pferd müssen Sie mindestens € 10.000 einkalkulieren. Bei speziellen Rassen, wie zum Beispiel Lusitanos, europäischen Sportpferden oder auffallend gefärbten Westernpferden, wird es sogar noch mehr. Beritt und Haltung bei einem Profi kosten ungefähr € 1.000 pro Monat, macht also € 12.000 pro Jahr. Tierarzt, Schmied und Ausrüstung obendrauf – damit sind wir schon bei € 15.000. Drei Jahre Ausbildung muss man einkalkulieren – damit sind wir bei € 45.000 plus den € 10.000 für die Anschaffung, das ergibt € 55.000. Etwas verdienen will der Verkäufer auch noch ..., und damit sind wir beim entsprechenden Pferd leicht im sechsstelligen Bereich.

Was bleibt also? Thomas Casper, Gestütschef auf dem württembergischen Birkhof, spricht aus langjähriger Erfahrung – und empfiehlt durchaus junge Pferde für Anfänger. „Dann können sich die beiden aneinander anpassen!", begründet er. Ein Anfänger, weiß er außerdem, brauche mit dem ersten Pferd sowieso Hilfe durch einen erfahrenen Ausbilder. Warum also sollte der nicht Ross und Reiter ausbilden? Dazu hat man bei einem Youngster die Chance, auf dem Gestüt „aus erster Hand" kaufen zu können – und damit minimiert sich das Risiko deutlich, dass Ihr künftiger Freizeitkamerad schlechte Erfahrungen mitbringt.

Es gibt keine Schnäppchen

Wer glaubt, er könne beim Pferdekauf ein Schnäppchen machen, beweist damit in den meisten Fällen nur eines: dass er keine Ahnung hat! Natürlich kommt es vor, dass jemand in Not gerät und deswegen sein Pferd abgeben muss. Vierhufige „Scheidungsopfer" sind heute nicht mehr selten, Arbeitslosigkeit oder Krankheit kann jeden treffen. Aber auch Leute, die schnell verkaufen müssen, wissen im Allgemeinen, was ihr Pferd wert ist und gehen darum nicht so weit unter den Preis, dass man von einem „Schnäppchen" reden kann.

Bitte informieren Sie sich über gängige Marktpreise – einschlägige Anzeigen und Webseiten sind da sehr nützlich. Machen Sie sich auch klar, was es kostet, ein Pferd korrekt aufzuziehen, zu halten und auszubilden. Aus diesen Überlegungen heraus werden Sie automatisch misstrauisch werden, wenn Ihnen jemand ein „billiges" Pferd anbietet. Ein siebenjähriger, angeblich kerngesunder, ordentlich ausgebildeter Lusitano-Wallach für € 2.000 – sorry, das kann fast nicht sein. Warum sollte jemand ein solches Pferd, für das er locker das Fünffache bekommen könnte, für den Preis verkaufen?

Allerdings gibt es riesige Preisunterschiede zwischen einzelnen Rassen. Für einen guten, rohen PRE oder Lusitano müssen Sie einen fünfstelligen Betrag einkalkulieren. Die Rassen sind „in Mode", das schlägt sich im Preis nieder. Einen Lipizzaner bekommen Sie sogar im österreichischen

Je nach Rasse variieren die Kaufpreise teilweise erheblich.

Ein eigenes Pferd — Der Pferdekauf

Bundesgestüt Piber für die Hälfte – weil Lipizzaner gerade eben nicht so begehrt sind. Ein Deutscher Warmblüter mit entsprechendem Stammbaum und Veranlagung, möglichst noch für Dressur oder Springen, kostet ein kleines Vermögen.

Und dann hat das Schulpferd, auf dem man gelernt und das man geliebt hat, diverse Malaisen und soll zum Schlachter. Da blutet dem Reitschüler das Herz und er kratzt seine Groschen zusammen und kauft das Tier. Ich kann's verstehen – mir sind im Lauf meines Reiterlebens diverse Pferde begegnet, die ich gerne „gerettet" hätte. Doch wenn Sie ein Reitpferd möchten, ist das nicht der richtige Weg. Mitleidskäufe können sehr, sehr teuer werden. Ich erinnere mich an eine Friesenmix-Stute, Geschichte siehe oben. Gekauft, weil sie sonst beim Schlachter gelandet wäre – und für die nächsten fünf Jahre war die Besitzerin Stammkundin beim Tierarzt und verbrachte ihre Freizeit hauptsächlich damit, ihr krankes Pferd zu hätscheln und zu führen. Geritten ist sie fast nie – die Stute hatte ein Kissing-Spine-Syndrom und immer wieder schlimme Rehe-Schübe. Und irgendwann war es dann leider unvermeidlich: Sie war so krank, dass sie eingeschläfert werden musste.

Ich könnte Ihnen stundenlang von solchen Fällen erzählen. Das Ex-Schulpferd mit Verdauungsproblemen, das Ex-Sportpferd mit Arthrose, der ehemalige Dressurcrack, der psychisch schwer angeschlagen war – und jeweils ein Mensch dazu, der nicht wirklich glücklich mit diesem Pferd war. Tun Sie es sich nicht an! Empathie ist eine sehr lobenswerte Eigenschaft, aber bitte nicht beim Pferdekauf.

Wo kauft man ein gutes Pferd?

Pack die Reithose ein, nimm Dein kleines Schwesterlein – und wir gehen zum Pferdekauf... Auf diesen Rat kommen wir später noch einmal zurück!

Sie sind auch nach allen Vorüberlegungen noch wild entschlossen, sich ein eigenes Pferd zu kaufen? Der Blick auf den Kontoauszug bestätigt Sie darin, dass das eine gute Idee ist? Partner und die Familie ziehen mit? Und vielleicht haben Sie auch schon einen Stallplatz in Aussicht? Ja, dann lassen Sie uns auf Pferdesuche gehen. Aber denken Sie daran: Ein bisschen Zeit sollten Sie für die Auswahl des passenden Pferdes unbedingt einplanen, denn schließlich suchen Sie das Pferd Ihres Lebens!.

Die erste Frage ist natürlich: Wo finden wir unser Traumpferd?

Mir fallen spontan vier Möglichkeiten ein: Sie kaufen bei einem Privatverkäufer, auf der Pferdeauktion, vom Händler oder auf einem Gestüt. Jede einzelne Möglichkeit hat ihre Vor- und Nachteile, die wir uns im Folgenden anschauen. Natürlich können Sie sich auch bei verschiedenen Anbietern umschauen.

Traumpferd gesucht?

Zur Ankaufsuntersuchung gehört auch die Prüfung des Impfstatus.

KAUF VON PRIVAT

Es dürfte – auf den ersten Blick – die preiswerteste Lösung sein. Wer privat ein Pferd verkauft, „muss" es in vielen Fällen – und ist darum bereit, im Preis ein wenig nachzulassen, wenn das Pferd einen guten Platz bekommt. Ein weiterer Vorteil ist, dass Sie das Pferd meist in einer ähnlichen Umgebung erleben, wie Sie sie später anbieten, und dass Sie in Ruhe schauen, reiten, sich kennenlernen können (wenn nicht, fahren Sie am besten gleich weiter). Die Nachteile eines Kaufs von privat sind allerdings, dass Sie dabei wenig „Garantien" haben. Ein seriöser Händler oder ein Gestüt muss auf seinen Ruf bedacht sein und kann es sich nicht leisten, Käufer über den Tisch zu ziehen. Bei einem privaten Verkäufer fällt das weg. Vermutlich müssen Sie auch, wenn Sie von privat kaufen wollen, einiges durch die Gegend fahren, bis Sie Ihr Pferd gefunden haben.

Papiere und Sonstiges: Beim Kauf von privat sollten Sie auf jeden Fall einen Kaufvertrag machen (entsprechende Formulare finden Sie im Internet). Und Sie sollten beim Kaufpreis noch die Kosten für eine große Ankaufsuntersuchung – inklusive Röntgen! – einplanen. Bedenken Sie dabei bitte: Ein Freizeitpferd, mit dem Sie vorwiegend ins Gelände bummeln oder vielleicht mal eine A-Dressur und Springen reiten wollen, braucht keinen 150%igen TÜV. Aber Sie sollten wissen, was mit dem Tier los ist und worauf Sie Rücksicht nehmen müssen. Darum die Ankaufsuntersuchung und das Gespräch mit dem Tierarzt.

Wie kommen Sie an Verkäufer? Relativ einfach: Im Internet gibt es diverse Foren, die stets mit neuen Anzeigen bestückt werden. Außerdem können Sie natürlich in Tageszeitungen und diversen Fachzeitschriften die Inserate studieren.

Ein eigenes Pferd — Der Pferdekauf

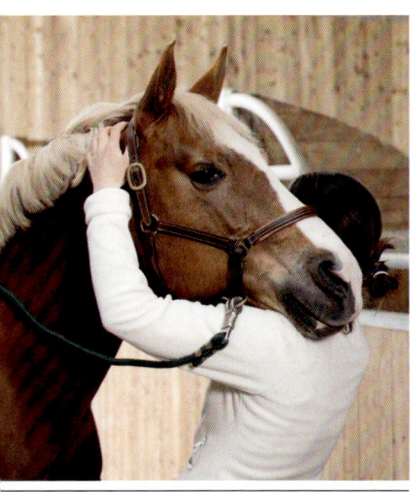

Auch wenn Sie sich spontan in ein Pferd verlieben – legen Sie vor dem Kauf eine kurze Denkpause ein.

AUF DER AUKTION

Auf der Auktion gilt ein eisernes Gesetz: Setzen Sie sich ein Limit – und vergessen Sie dabei bitte nicht, dass auf den Preis, den Sie in der Halle geboten haben, noch Auktionsgebühren kommen (Auskunft darüber gibt's im Programm der Auktion oder beim Veranstalter). Lassen Sie sich nicht auf wilde Biet-Duelle ein. Der Kauf auf einer Auktion hat vier große Vorteile: Sie haben Auswahl und Zeit, verschiedene Pferde auszuprobieren (natürlich nicht am Auktionstag, sondern nach Absprache an einem der Tage davor) und Sie können damit rechnen, dass es seriös zugeht. Zudem können Sie das Pferd unter einem Profireiter sehen und dabei hoffentlich sein Potenzial einschätzen. Dazu sind die Auktionatoren in Deutschland vereidigt. Hinter den Auktionen stehen die Zuchtverbände oder zumindest sehr große Pferdehändler, die einen Ruf zu verlieren haben. Sie müssen sich auch nicht selbst um die Ankaufsuntersuchung bemühen. Die wird bei der Auktion sozusagen „mitgeliefert".

Aber die Nachteile sollte man auch nicht verschweigen: Die Art, wie Pferde für die Auktion ausgebildet und wie sie dann vorgestellt werden, fordert die meist noch sehr jungen Vierbeiner sehr.

Papiere und Sonstiges: Ihr Job ist es, vor dem Auktionstag sicherzustellen, dass Sie genügend Geld haben. Fragen Sie rechtzeitig, wie bezahlt wird – bar, per Scheck oder über eine andere Möglichkeit – und machen Sie klar, dass das bei Ihnen kein Problem ist. Auf der Auktion bekommen Sie einen Kaufvertrag.

An der Longe können Sie sich alle Grundgangarten zeigen lassen.

Wie kommen Sie an Verkäufer? Viele Zuchtverbände veranstalten zweimal im Jahr – im Frühjahr und im Herbst – eine Auktion. Die Termine dafür können Sie zum Beispiel auf den Internetseiten der Verbände nachschauen oder telefonisch abfragen. Auch gibt es in Haupt- und Landgestüten eine alljährliche Gestütsauktion, zum Beispiel in Schwaiganger, Neustadt a. d. Dosse und Marbach a. d. Lauter, die vor allem für Privatkäufer sehr interessant sein kann. Diese Termine erfahren Sie bei den Gestüten.

Bleiben schließlich noch die Auktionen der privaten Verkäufer, die meist im Herbst stattfinden. Sie werden in den Pferdezeitschriften beworben.

BEIM HÄNDLER

Beim Händler haben Sie ebenfalls eine gute Auswahl und können sich das Pferd professionell vorreiten lassen. Die alten Vorurteile über Pferdehändler dürfen Sie dabei hinter sich lassen: Hierzulande muss man nicht mehr mit irgendwelchen „Tricks" und Betrugsversuchen rechnen. Dazu ist Pferdekauf heute zu kontrolliert, außerdem leben gerade Händler von ihrem Ruf.

Die Nachteile des Kaufs beim Händler sind, dass die Verkäufer genau wissen, was ein gutes Pferd wert ist und es wenig Verhandlungsspielraum gibt. Was sie aber oft nicht erzählen können: welche Erfahrungen das Pferd schon gemacht hat, wie es ausgebildet wurde und wo es herkommt.

Papiere und Sonstiges: Machen Sie unbedingt einen Kaufvertrag, ein seriöser Händler wird Ihnen das sowieso anbieten. Lesen Sie ihn bitte sorgfältig und schlafen Sie möglichst noch eine Nacht darüber. Fragen Sie nach, wenn Sie etwas nicht verstehen. Verzichten Sie nicht auf eine Ankaufsuntersuchung – und wer ganz misstrauisch ist, beauftragt damit seinen Tierarzt und nicht den des Händlers (ein zu großes Risiko ist darin allerdings auch nicht, denn Tierärzte sind für ihre Ankaufsuntersuchungen haftbar).

Wie kommen Sie an Verkäufer? Fragen Sie bei Reiterfreunden herum! Da finden sich immer welche, die schon bei Händlern gekauft haben. Ansonsten finden Sie auch im Internet Pferdehändler.

AUF DEM GESTÜT

Wenn Sie mich fragen: Kaufen Sie auf dem Gestüt ein! Dort bekommen Sie Pferde aus erster Hand, bei denen Sie eine relativ große Chance haben, dass sie keine „Macke" mitbringen. Und mehr noch: Sie sehen die Umgebung, in der das Pferd aufgewachsen ist, Sie können in vielen Fällen sogar die Verwandtschaft – Vater, Mutter, Geschwister – anschauen. Und Gestüte wie zum Beispiel der Birkhof bei Donzdorf auf der Schwäbischen Alb bieten noch mehr Service: Beritt und Ausbildung für Ross und Reiter für dort gekaufte Pferde, also eine kompetente, über den Kauf hinausreichende Unterstützung und Beratung.

Lassen Sie sich das Pferd vorreiten.

Auch auf dem Gestüt können Sie Ihr Traumpferd finden.

Ein Nachteil bei kleineren Gestüten kann sein, dass die Auswahl nicht so groß ist und dass man Ihnen das Pferd vielleicht nicht professionell vorstellen kann. Dafür aber kostet es meist nicht so viel.
Papiere und Sonstiges: Kaufvertrag und Ankaufsuntersuchung sind angesagt – nicht aus Misstrauen gegenüber dem verkaufenden Züchter, sondern damit Sie wissen, woran Sie sind.
Wie kommen Sie an Verkäufer? Auch hier empfehle ich Ihnen: Fragen Sie unter Reiterfreunden, schauen Sie in Pferdezeitschriften oder rufen Sie Ihren regionalen Zuchtverband an.

Endlich – das eigene Pferd

So weit gediehen, sollten wir uns noch kurz darüber unterhalten, wie Ihr Besuch beim potenziellen neuen Pferd abläuft. Ich habe mit dem Rat, die „große Schwester" einzupacken, eingeleitet. Tatsächlich empfiehlt sich, jemanden – und natürlich am besten jemand, der Ahnung von Pferden hat – mitzunehmen. Ab und an liest oder hört man die Empfehlung, den Reitlehrer um Begleitung zu bitten. Dabei sollten Sie allerdings zwei Punkte bedenken: 1. So mancher Reitlehrer schaut beim Kauf eines Pferdes für einen Kunden auch darauf, wie ihm das liebe Tier ins Programm passt, weil er ja davon ausgeht, dass er es in Beritt bekommt. Und so soll's schon passiert sein, dass Anfänger schwierige Pferde kauften oder jemand ein Ross hatte, das zwar Häuser springen konnte – der Reitlehrer wollte mal wieder aufs Turnier –, aber nicht geländesicher war, obwohl der Besitzer am liebsten ins Gelände wollte. Aber vielleicht ist Ihr Reitlehrer ja wirklich die richtige Begleitung, überlegen Sie es sich nur vorher. Ein zweiter Punkt in diesem Zusammenhang: Es ist üblich, dass der „Profi", der einen Pferdekäufer begleitet, beim Kauf vom Verkäufer eine Beteiligung –

meist 10 % vom Kaufpreis – bekommt. Und da der Verkäufer keine Lust hat, den Betrag aus eigener Tasche zu begleichen, schlägt er ihn meist auf den Kaufpreis auf. Kalkulieren Sie das ein, wenn Sie Ihren Reitlehrer bitten.

Ansonsten sollte es bei einem seriösen Verkäufer ungefähr so ablaufen: Sie bekommen Gelegenheit, das Pferd in der Box, im Stand und schließlich an der Hand im Trab zu sehen. Sie dürfen Kontakt mit ihm aufnehmen und schon mal feststellen, ob da eine gewisse Sympathie vorhanden ist. Anschließend sollten Sie sich das Pferd vorreiten lassen. Der Bereiter des Verkäufers wird sich natürlich bemühen, das Pferd von seiner besten Seite zu zeigen – gut für Sie, denn so können Sie sein Potenzial einschätzen. Schließlich sind Sie dran – und bitte: Reiten Sie das Pferd, das Sie kaufen wollen. Lassen Sie sich auch als Anfänger nicht vom Gedanken ausbremsen, dass Sie da vielleicht nicht gut aussehen. Sie müssen nachher mit dem Pferd auskommen, für Sie muss es passen, also sollten Sie draufsitzen.

Und seien Sie ganz ehrlich: Wenn Sie Angst haben, dass Sie von diesem Pferd fallen könnten, sollte das Thema sofort erledigt sein. Sie müssen Ihrem Pferd vertrauen – und wenn das nicht von Anfang an funktioniert, ist es mit hoher Wahrscheinlichkeit nicht das passende Pferd für Sie. Aber wenn es sich gut und richtig anfühlt, der Preis stimmt, Ihnen das Pferd gefällt – ja dann haben Sie es vielleicht gefunden, Ihr Pferdeglück!

Sie fühlen sich auch im Sattel „Ihres" Pferdes wohl? Dann sind Sie vielleicht endlich am Ziel aller Wünsche!

TRAUMPFERD GESUCHT

— *Pferderassen und ihre Besonderheiten*

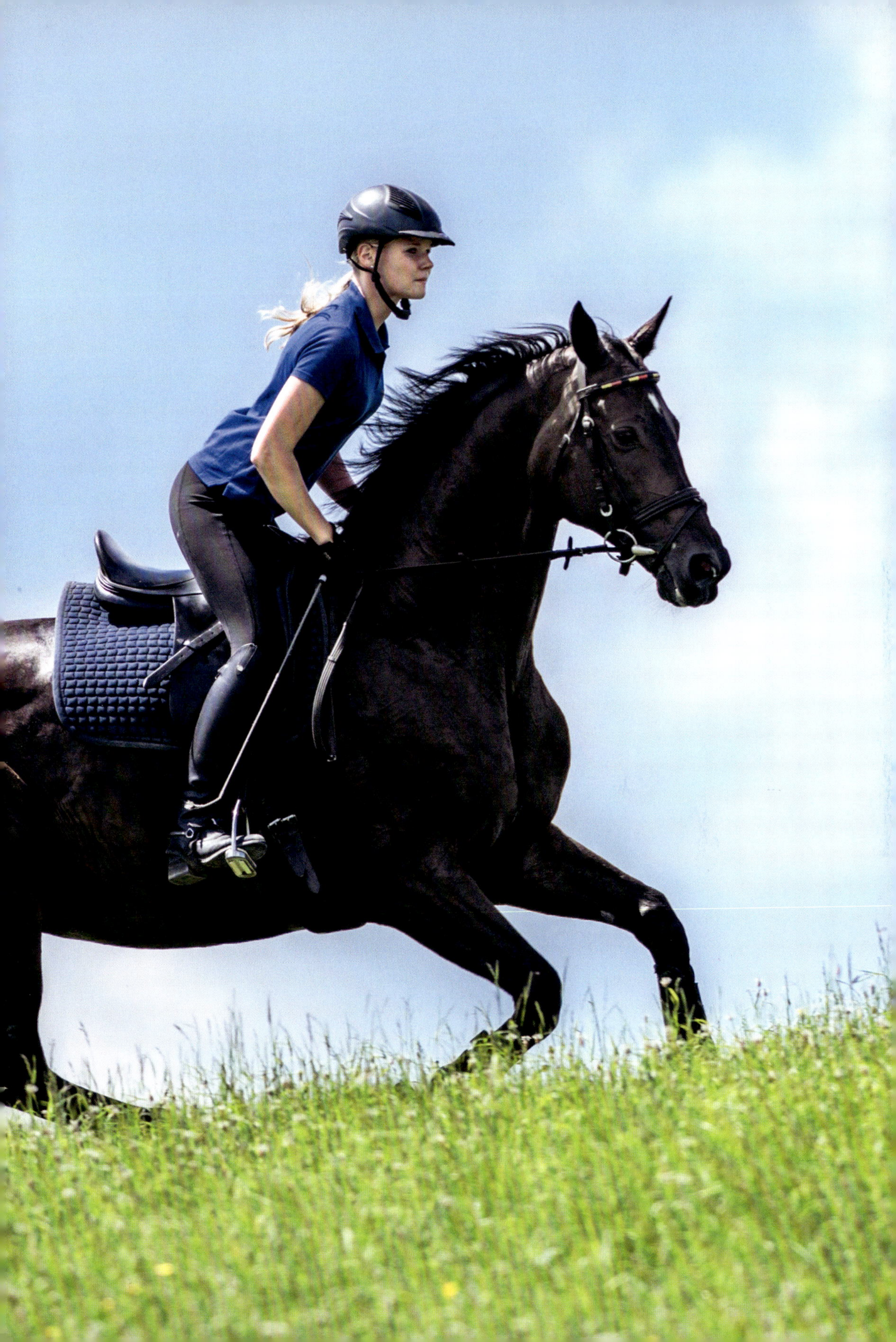

Achal-Tekkiner

Extravaganz hat einen Namen: Achal-Tekkiner. Die exotischen Schönheiten bieten Härte, Leistung und Intelligenz, brauchen dafür aber Einfühlungsvermögen und eine feine Hand.

Achal-Tekkiner gelten als die älteste Vollblutrasse der Welt. Ihre Zuchtgeschichte ist von Entbehrungen geprägt, denn die Pferde kannten über Jahrhunderte keinen Stall. Sie wurden von Nomaden in Turkmenistan gezüchtet, lebten neben den Zelten ihrer Menschen und fanden ihr karges Futter auf den Hochebenen.

Eigenschaften und Charakter der Achal-Tekkiner wurden durch die enge Gemeinschaft mit ihren Menschen geformt. Sie bewiesen ihr Stehvermögen auf den langen Wanderungen der Nomaden; sie zeigten ihre Schnelligkeit bei den Rennen, die die befreundeten Stämme austrugen und sie bewiesen ihren Mut auf der Jagd, zu der ihre Menschen mit dem gezähmten Adler auf der Faust aufbrachen.

Die ersten Achal-Tekkiner tauchten in den 70er-Jahren des vorigen Jahrhunderts in Deutschland auf. Sie fanden schnell Freunde und sind inzwischen als zwar kleine, aber von ihren Liebhabern sehr geschätzte Rasse etabliert. Inzwischen werden sie auch bei uns nachgezüchtet,

Achal-Tekkiner sind sensibel.

Die Falben sehen aus wie mit feinem Goldstaub überzogen.

allerdings nicht in solchen Mengen, dass keine Importe mehr gebraucht würden. Diese sind nicht immer unproblematisch. Handelsställe kaufen in den Herkunftsländern junge Pferde, bilden sie aus und verkaufen sie nach Nordeuropa. Dabei erwerben sie nicht unbedingt die besten Pferde – die behalten die Züchter. Doch das wäre bei einer derart durchgezüchteten, in sich gefestigten Rasse nicht unbedingt schlimm: Die Bedürfnisse eines guten Freizeitreiters können die meisten Achal-Tekkiner ohne viel Mühe befriedigen. Der Haken an dem System ist die „Ausbildung" – und ich habe das Wort sehr bewusst in Anführungszeichen gesetzt. Von 0 auf 100, vom ungerittenen zum (angeblich fertigen) Reitpferd in vier Wochen – das ist weit entfernt von reeller Ausbildung und hat noch nie, bei keiner Rasse, funktioniert. Bei Achal-Tekkinern ist es besonders fatal, denn sie sind sehr empfindsam. Gerade weil sie fähig sind, eine sehr enge Beziehung zu „ihrem" Menschen aufzubauen, leiden sie darunter, durch viele Hände zu gehen. So ist es nicht nur einmal passiert, dass importierte Achal-Tekkiner in ihren neuen Ställen als „Spinner" in Verruf geraten sind.

Edles Pferd mit Original-Schmuck – Achal-Tekkiner werden gerne in typischer Aufmachung präsentiert.

Für wen eignet sich ein Achal-Tekkiner?

Wenn Sie ein ganz besonderes Pferd mit Intelligenz, Sensibilität und Leistungswillen haben möchten, kaufen Sie einen nicht angerittenen, „rohen" Achal-Tekkiner. Damit haben Sie die Chance, ein noch unverdorbenes Pferd zu bekommen. Sie müssen dann allerdings in die Ausbildung investieren. Haben Sie selbst keine Erfahrung damit, brauchen Sie auf jeden Fall professionelle Hilfe – das kann teuer werden. Man muss sich bewusst sein: Ein Achal-Tekkiner ist in der Anschaffung alles andere als ein „Schnäppchen".

Achal-Tekkiner sind harte, leichtfuttrige und langlebige Pferde. Wenn man sie richtig behandelt, nicht überfüttert und für abwechslungsreiche Beschäftigung sorgt, hat man viel Freude mit ihnen. Dabei muss man sich noch nicht einmal auf eine Disziplin festlegen, denn Achal-Tekkiner sind vielseitig. Sie haben raumgreifende Gänge und können ein hohes Tempo gehen. Fast alle können ordentlich springen. Es gab schon einen Achal-Tekkiner als Dressur-Olympiasieger, auf der Distanz sind sie ebenfalls gut. In Süddeutschland beweisen die schicken Pferde ihre Geländegängigkeit: Der Master des Süddeutschen Hunting Clubs reitet seit Jahren Achal-Tekkiner.

Achal-Tekkiner eignen sich nicht zum „Untertan", sondern wollen als Partner behandelt und respektiert werden. Dafür haben sie aber auch eine Menge zu bieten. Und sie fallen auf – dafür sorgt nicht nur der metallische Schimmer, der über ihrem Fell zu liegen scheint, sondern auch die hochbeinige Eleganz ihrer Erscheinung. Wie alle vollblütigen Pferde brauchen sie einen feinfühligen Reiter, der mit ihrem sensiblen Temperament umzugehen weiß.

AUF EINEN BLICK

Kategorie Vollblut

Zuchtgebiet Turkmenistan, Kurdistan, Afghanistan, China

Größe 150 bis 160 cm

Farben Alle Farben, Isabellen und Falben sind besonders begehrt, Schecken sind unerwünscht.

Exterieur Schmales, elegantes Pferd mit langem, geradem Kopf. Die Schulter ist manchmal etwas steil, die Kruppe etwas eckig, die Beine nicht immer korrekt gestellt, die Hufe extrem hart.

Interieur Hart, leistungsbereit, zuverlässig, sensibel, hochintelligent. Sie lernen schnell, erwarten aber faire Behandlung.

Eignung Größte Stärke: Stehvermögen über lange Strecken, dadurch ideales Distanzpferd. Dressur und Springen meist gut, westerntauglich, für sensible Reiter geeignet

Appaloosa

Manche mögen's auffallend – und viel auffallender als ein Appaloosa geht nicht. Die bunten Indianerpferde können nicht verwechselt werden, denn jedes ihrer Muster ist einmalig.

Hippologen betreiben Pferdezucht als hohe Wissenschaft, nur dem Eingeweihten nach jahrzehntelangem Studium durchschaubar. Aber irgendwie kann's das doch nicht sein. Die Nez Percé-Indianer, die ursprünglich an der Grenze von Oregon und Idaho lebten, bewiesen, dass man Pferdezucht auch „nur" mit gesundem Menschenverstand erfolgreich betreiben kann.

So sieht ein Blanket aus: Die helle „Decke" über der Kruppe hebt sich vom restlichen Fell deutlich ab.

Heute glaubt man gerne, dass die Indianer „Reitervölker" gewesen seien. Dem war aber nicht so. Pferde waren in Amerika schon lange vor der Besiedlung durch Menschen ausgestorben und kamen erst mit den spanischen Eroberern zurück. Die Nez Percé-Indianer begeisterten sich für die Schecken. Sie spezialisierten sich auf die Zucht gefleckter Pferde und hatten rasch Erfolg. Weniger gute Hengste wurden gelegt und Pferde, die in der Farbe, im Erscheinungsbild oder Wesen nicht dem entsprachen, was die Nez Percé-Indianer züchten wollten, wurden als Zug- und Tragtiere eingesetzt oder verkauft.

Die Indianer haben aus der Zucht keine Wissenschaft gemacht, dafür aber fast aus den Fellmustern ihrer Pferde. Dazu sind ihnen vier Grundformen eingefallen:

Blanket steht, wie der Name schon ahnen lässt, für eine „Decke", die klar und mit deutlichem Kontrast von der Grundfarbe des Pferdes abgesetzt ist und über den Rücken bis zur Kruppe reicht.

Spots bedeutet, dass der Appaloosa aussieht wie Pippi Langstrumpfs Pferd: Er hat mehr oder weniger große Flecken in Weiß oder dunkel – immer im Kontrast zu seiner Grundfarbe –, die zum Beispiel über Hüfte und Lenden verteilt sind.

Roan sind Stichelhaare. Die allerdings reichen noch nicht, um als Appaloosa eingetragen zu werden. Zu den Stichelhaaren müssen auf jeden Fall noch gefleckte Hautpartien kommen.

Solid ist ein Widerspruch in sich. Ein Solid ist nämlich ein auf den ersten Blick einfarbiger Appaloosa. Um als ein solcher eingetragen zu werden, muss er aber andere, eindeutige Appaloosa-Merkmale wie zum Beispiel gefleckte Haut, Menschenaugen oder gestreifte Hufe zeigen.

Roan Blanket nennt man es, wenn die Stichelhaare nur im Bereich der Decke – also über den Rücken bis zur Kruppe – auftreten.

Generell unterscheidet man bei den Appaloosas zehn Fellfarben. Einen Braunen nennt man Bay, Black ist ein Rappe, White entspricht unserem Schimmel. Buckskins sind Falben, Chestnuts Füchse. Man kennt auch Duns, sie ähneln dem Buckskin, haben aber einen Aalstrich und eventuell Zebrastreifen an den Beinen. Grey ist eine Mischung von weißen und schwarzen Haaren auf dunklem Hintergrund, Grullas sind Graufalben mit schwarzen oder zebrierten Beinen, manchmal auch mit Aalstrich, Palominos sind die „goldenen" Pferde. Und schließlich gibt es die Roans, die in Red Roans (ein Fuchs mit sehr vielen weißen Stichelhaaren) und Blue Roans (ein Rappe mit weißen oder grauen Stichelhaaren) aufgeteilt werden.

Zehn Farben und vier Grundmuster ergeben 40 verschiedene Möglichkeiten. Dazu kommt dann noch, dass die Grundmuster kombiniert auftreten – und dann bitteschön nicht nur als Roan Blanket, sondern als Roan Blanket mit Spots! Damit haben wir dann nicht nur drei mal drei gleich neun Mustermöglichkeiten, sondern 27. Kombinieren Sie die zehn Fellfarben dazu, dann sind Sie bei 270.

Roans haben Stichelhaare.

AUF EINEN BLICK

Kategorie Warmblut

Zuchtgebiet Nord-Amerika

Größe 142 bis 162 cm

Farben Ausschließlich Tigerschecken

Exterieur Auffallend hübscher, edler Kopf mit mittelgroßen Ohren und sehr oft „Menschenaugen" (mit weiß umrandeter Iris). Der tief angesetzte, lange Hals soll nicht zu massig sein, die Schulter lang, schräg und kompakt. Der Rücken ist kurz mit abfallender Kruppe, das Fundament solide mit kleinen, festen Hufen (sehr oft gestreift).

Interieur Nervenstark, lassen sich nicht so leicht aus der Ruhe bringen. Appaloosas lernen schnell und sind freundlich.

Eignung Westernpferd, für alle Disziplinen des Westernsports geeignet, mit Cow Sense. Ausgesprochen gutes Distanzpferd und Freizeitpferd für alle Gelegenheiten.

Rasseporträt — Appaloosa

Appaloosas haben ein gefälliges Exterieur, das ihnen viele Freunde beschert.

An der Stelle dürfen Sie nun überlegen, wie weit Ihre Begeisterung für einen Appaloosa reicht. Wollen Sie ihn nur reiten oder vielleicht irgendwann einmal mit ihm züchten? Im ersten Fall reicht es, wenn Sie wissen, was in den Papieren Ihres vierbeinigen Kameraden steht. Als Züchter sollten Sie auch fähig sein, ein Pferd richtig zu beschreiben und Sie sollten eine Ahnung davon haben, wie sich die verschiedenen Farben vererben. Sie verzeihen mir, wenn ich hier aussteige, die Reiter mitnehme und Sie an Appaloosa-Spezialisten verweise.

Für wen eignet sich ein Appaloosa?

Ein Appaloosa ist ein ausgesprochen vielseitiges und lernwilliges Pferd. Im Bereich der Westernreiterei sind die bunten Indianerpferde fast so etwas wie Alleskönner. Und sie glänzen nicht nur optisch in allen Westerndisziplinen.
Appaloosas haben „Cow Sense", das heißt, sie haben ausgesprochen Spaß an und Talent für die Arbeit mit Rindern. Sie sind clever genug, bei Geschicklichkeitswettbewerben vorne liegen zu können und haben Stehvermögen als Wander- und Distanzpferde.

Achten Sie nicht nur auf die Farbe, sondern auch darauf, wie gut ausgebildet Ihr zukünftiges Pferd ist!

Appaloosas geben ihren Reitern immer ein gutes Gefühl, egal, was von ihnen gefordert wird. Sie sind freundlich, zugewandt und auf den Menschen bezogen, wollen mit ihm kooperieren und sind immer leistungsbereit. Es macht Spaß, mit ihnen zu arbeiten und unterwegs zu sein.

Die beste Möglichkeit, ein Pferd zu kaufen, ist immer noch und immer wieder, und natürlich auch beim Appaloosa, „aus erster Hand", also beim Züchter. Genau da wird es aber bei uns schwierig, denn die Gescheckten zählen trotz hiesiger Zuchtverbände immer noch zu den Exoten. Da kann es durchaus lohnend sein, über einen Urlaub in Amerika nachzudenken. Dort ist die Auswahl an Appaloosas auf jeden Fall größer und damit auch Ihre Chance, das ideale Pferd für Sie und Ihre Vorlieben zu finden.

Auch hier wäre wieder zu erwähnen: Ein guter Appaloosa ist auf keinen Fall ein Schnäppchen. Die Züchter wissen, was ihre Pferde wert sind, und sie sind sich bewusst, was besondere Farben auf dem Markt bringen. Insofern empfiehlt es sich, sich nicht völlig auf eine Färbung oder ein Muster zu kaprizieren, sondern offen an die Auswahl des Pferdes heranzugehen. Natürlich soll Ihnen Ihr Herzenspferd gefallen, aber genauso wichtig sind doch die anderen Eigenschaften.

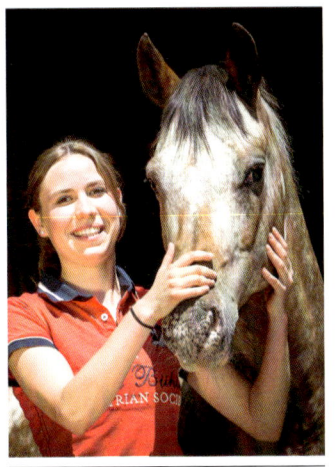

Gelassen und freundlich schließt sich der Appaloosa seinem Menschen an.

Arabisches Vollblut

Araber sind der Inbegriff des edlen Pferdes und ihre Liebhaber überschlagen sich fast in Superlativen: die Schönsten, die Schnellsten auf Langstrecken, die Veredler für anderen Rassen, die Gescheitesten und die Nettesten.

Wenn man über Araber spricht, kommt man um Legenden nicht herum. Da ist zum Beispiel die Geschichte von den Stuten, die der Prophet Mohammed einem Test unterzogen haben soll: Nach tagelanger Wanderung durch die Wüste kam die durstige Pferdeherde endlich zu einer Oase. Sämtliche Pferde stürmten zum Wasser. Mohammed rief sie zurück, doch nur zwölf Stuten kamen. Mit diesen Stuten, so berichtet die Legende weiter, hat Mohammed die Zucht der Araber aufgebaut. Die Araber zählen zu den ältesten Reinzuchten der Welt. Die Beduinen setzten ihren ganzen Stolz dahinein, die schönsten, besten Pferde zu haben. Den Stuten wurde besonderer Wert zugemessen und es kam

Im Gelände bei langen Ausritten fühlen sich Araber wohl.

Araber stammen aus der Wüste, haben aber kein Problem mit unseren Wintern. Man muss sie nicht in Watte packen.

Mutter und Kind präsentieren sich als typische Araber im Quadratformat mit relativ kurzem Rücken.

nicht selten vor, dass sie im Zelt ihrer Herren leben durften. Pferde zählten zur Familie, waren aber keineswegs Luxusgeschöpfe. Ganz im Gegenteil: Sie zogen mit ihren nomadisierenden Herren durch die Wüste, sie mussten glühende Hitze und eisige Nächte aushalten und oft genug mit einer Handvoll Gerste als Tagesration auskommen. Raufutter suchten sie sich selbst – und das Angebot war nicht gerade überwältigend. Ebenso konnten sie nicht immer darauf hoffen, jeden Tag ausreichend Wasser zu bekommen.

In der Wüste ist das Lebenselement Wasser sehr knapp. Die Araber haben dennoch über Jahrhunderte hinweg überlebt, wozu speziell eine ihrer Fähigkeiten beigetragen hat: Pferde können Wasser riechen – und Arabische Pferde sind besonders gut darin. Schon Aristoteles berichtete, dass die Pferde der Beduinen sogar unter der Oberfläche verborgenes Wasser über Kilometer riechen könnten. Auch die Beduinen wussten das. Wenn das Wasser knapp wurde und keine Oase in erreichbarer Nähe war, ließen sie ihre Pferde marschieren. Die fanden dann nicht nur das ausgetrocknete Flussbett, an dem sich auf einer Schattenseite noch ein wenig Grundwasser unter der Oberfläche gesammelt hatte, sondern sie gruben diese Wasserstelle mit ihren harten Hufen auch aus. Es ist keine Legende, sondern vielfach belegt: Araberpferde haben so manchem Beduinen das Leben gerettet.

Rasseporträt — Arabisches Vollblut

AUF EINEN BLICK

Kategorie Vollblut

Zuchtgebiet Ursprünglich Arabien, heute weltweit

Größe 145 bis 155 cm

Farben Alle Farben, Schecken sind unerwünscht, es gibt sehr viele Schimmel.

Exterieur Vom zierlich-edlen Kopf mit den großen Augen und den feinen Ohren über die gut gelagerte Schulter, den kurzen Rücken und die manchmal etwas gerade Kruppe strahlt der Araber Adel aus. Das Fundament ist nicht immer korrekt, dafür aber meist sehr hart.

Interieur Araber sind ausgesprochene Sensibelchen, die viel Zuwendung und abwechslungsreiche Arbeit brauchen. Dafür sind sie aber auch sehr intelligent und anhänglich.

Eignung Außer Distanz ist Turniersport nicht unbedingt die Stärke der Araber. Dafür aber sind sie vielseitige Freizeitkameraden, mit denen man besonders im Gelände viel Spaß haben kann. Auch unter dem Westernsattel sind sie immer wieder zu sehen. Araber eignen sich als Fahrpferde.

Typisch für den Araber ist der Hechtkopf mit den großen Augen.

Für wen eignet sich ein Araber?

Araber sind intelligent, menschenbezogen und sehr oft ausgesprochen „gesprächige" Pferde. Wahrscheinlich hat sich diese Eigenschaft entwickelt, weil sie in der Wüste keine Fressfeinde hatten und zudem von ihren Menschen, mit denen sie in enger Gemeinschaft lebten, beschützt wurden.

Im Gegensatz zu Pferden, die irgendwo in der Gesellschaft von Löwen oder Raubkatzen leben mussten, konnten es sich die Araber leisten, verbal zu kommunizieren. Und in der klaren Wüstenluft trugen ihre Stimmen gut, also konnten sie beim Weiden auch Herdengenossen rufen, die – beim spärlichen Futterangebot oft unvermeidlich – außer Sicht unterwegs waren.

Wundern Sie sich also nicht, wenn Ihre edle Neuanschaffung ein bisschen mehr „redet" als andere Pferde. Und genießen Sie es, mit lautem Wiehern begrüßt zu werden!

Unter dem Sattel zeigt sich der Araber als sehr gescheites Pferd. Für Sie bedeutet das allerdings: Ihr Araber braucht Herausforderungen, denn sonst langweilt er sich und macht Blödsinn. Sie sollten sich auch ob der Tatsache, dass die meisten Araber nicht eben mit „großen Gängen" gesegnet sind, darüber klar sein, dass die Schönheiten eine ordentliche Dressurausbildung brauchen. Damit kann man auch den manchmal etwas knappen Trab deutlich verbessern.

Für einen Araber kann man unglaublich viel Geld ausgeben. Aber ganz ehrlich: Brauchen Sie einen World Champion? Oder den Gewinner einer nationalen Araber-Show? Muss Ihr künftiger Vierbeiner das beste und teuerste, was sich in der Araberzucht finden lässt, im Stammbaum haben? Oder tut's auch ein „normaler", wenn er nur gesund und klar im Kopf ist?

„Hübsch" kriegen Sie bei einem Araber fast immer kostenlos obendrauf und sogar gute Aufzucht ist bezahlbar. Es gibt wenige Rassen, bei denen die Preisschere zwischen den Championatssiegern und den „Normalos" so weit klafft wie bei den Arabern. Selbst im baden-württembergischen Haupt- und Landgestüt Marbach a. d. Lauter, weltweit eine der renommiertesten Adressen in der Araberzucht, kann man für einen bezahlbaren Preis einen Araber erwerben. Und man hat dazu die Garantie, dass dieses Pferd von erfahrenen Profis unter besten Bedingungen aufgezogen wurde. Kaufen Sie dort ein angerittenes Pferd, hat dieses mit Sicherheit eine reelle Grundausbildung bekommen. Wahrscheinlich hat es sogar schon erste Erfahrungen vor der Kutsche gemacht – in Marbach werden vor allem die Araber-Stuten auch gefahren.

Araber sind tolle Distanzpferde mit viel Stehvermögen.

Die Camargue-Pferde im Delta der Rhône leben in großen Herden und fast ungestört vom Menschen.

Camargue-Pferd

Wollen Sie vielseitig reiten und das ganze Spektrum – vom Wanderritt bis zum kleinen Westernturnier, vom Geschicklichkeitsturnier bis zur iberischen Dressur – erfahren? Dann werden Sie mit einem Camargue-Pferd glücklich.

Was hatten Cäsar und Napoleon – außer ihrem „Beruf" als Feldherren – gemeinsam? Wenn es hier erwähnt wird, muss es was mit Pferden zu tun haben, und da wir über Cäsars Fähigkeiten im Sattel nichts wissen (Napoleon war übrigens ein lausiger Reiter), kann es also nur ihr gemeinsames Faible für die kompakten Camargue-Pferde sein. Beide Feldherren wussten um die hohe strategische Bedeutung guter Pferde in ihren Kriegszügen, und beide hatten die Qualität der robusten und vielseitigen Schimmel aus Südfrankreich erkannt. Die Camarguais, wie sie von ihren Landsleuten genannt werden, stellen Hippologen vor einige Rätsel. Es ist unklar, wie sie ins Rhône Delta gekommen sind. Sie müssen schon sehr, sehr lange dort sein, denn sie haben sich dieser Umgebung perfekt angepasst: Ihre Augen liegen tiefer im Kopf als es bei anderen Pferden der Fall ist, ihr Langhaar ist üppiger – wahrscheinlich dient beides dem Schutz vor den in der Flussmündung reichlich vertretenen Insekten. Aber die auffallendste Veränderung betrifft ihre Nüstern: Camargue-Pferde können sie wasserdicht verschließen, um unter Wasser weiden zu können. In Frankreich streifen sie noch heute in großen Herden und vom Menschen fast ungestört durch die überschwemmte Flussmündung. Sie werden üblicherweise nur einmal im Jahr – jeweils im Herbst – zusammengetrieben und nach ihren Brandzeichen den einzelnen Besitzern zugeordnet. Die schauen sich die Fohlen an, lassen auch sie mit ihrem Zeichen brennen und außerdem impfen.

Hellwach und intelligent – ein Camargue-Pferd lernt schnell.

Rasseporträt — Camargue-Pferd

AUF EINEN BLICK

Kategorie Pony

Zuchtgebiet Frankreich

Größe 135 bis 150 cm

Farben Ausschließlich Schimmel, die aber als Rappen oder Braune geboren werden.

Exterieur Kompaktes, nicht zu großes Pferd mit tiefem Halsansatz, oft mit Ramskopf, wenig ausgeprägtem Widerrist und steiler Schulter. Auffallend sind die kräftigen Beine mit den kleinen, festen Hufen und der üppige Behang.

Interieur Widerstandsfähig, genügsam, gescheit und sehr sozial. Manchmal ein bisschen stur, aber großartige „Mitmacher", wenn man sie für sich gewonnen hat.

Eignung Camargue-Pferde eignen sich für den englischen Stil, besonders aber für die iberische Reiterei und das Westernreiten. Hier sieht man sie auch auf Turnieren.

Meist werden die Dreijährigen gelegt – Camargue-Pferde sind spätreif (und langlebig), daher lässt man ihnen Zeit. Angeritten werden sie in der Regel erst vier- oder sogar fünfjährig, wobei die Hirten in der Camargue sich in ihrer Gebrauchsreiterei an den iberischen Stil anlehnen. Dabei haben die Reiter übrigens kein Problem damit, dass ihre Pferde recht klein sind. Sie wissen, dass die Schimmel mit ihrem eher kurzen Rücken und dem kompakten Fundament mühelos auch einen erwachsenen Reiter tragen können.

Für wen eignet sich ein Camargue-Pferd?

In der Vielseitigkeit der Camarguais liegt eine Chance für ihre Reiter. Haben Sie sich bisher auf ein bisschen Geländereiten und hin und wieder eine Reitstunde beschränkt? Mit einem Camargue-Schimmel können Sie Ihr Programm erweitern. Wenn Sie Ihren Vierbeiner entsprechend konditionieren, marschiert er im nächsten Urlaub mit ihnen kilometerweit über den Schwarzwald-Wanderweg von Pforzheim nach Basel oder an der Ostseeküste entlang. Wanderreiten ist nicht so ganz Ihr Ding? Kein Problem. Wie wär's denn mal mit iberischer Dressur? Camargue-Pferde sind gut dafür geeignet. Sie haben die entsprechende Knie-Aktion, sie können ihre Hinterhand mit guter Hankenbeugung unter den Körper bringen und den Hals aufwölben. Und Dressurtraining tut ihnen ausgesprochen gut! Sie werden hübscher, geschmeidiger, gewinnen Muskeln und Kontur. Es ist aber auch eine gute Kur für

Durch das kompakte Exterieur eignet sich das Camargue-Pferd für die iberische Reitweise oder für den Einsatz unter dem Westernsattel.

Camargue-Pferde sind ausschließlich als Schimmel zu haben.

die Psyche – Camargue-Pferde wollen gefordert werden und sie brauchen Erfolgserlebnisse. Auch die Arbeit unter dem Westernsattel ist ideal für Camargue-Pferde. In ihrer Heimat werden sie unter den berittenen Hirten zum Hüten der schwarzen Stiere eingesetzt – und dementsprechend haben sie nicht nur Cow Sense, sondern auch die zum Westerntraining notwendige Geschmeidigkeit und die Geschicklichkeit für Trailaufgaben.

Zu den Vorteilen der Camarguais zählt auch, dass sie in der Haltung keine großen Ansprüche stellen. Sie sind leichtfuttrig und brauchen selbst bei großer Beanspruchung nur wenig Kraftfutter. Sie lieben es, ihre Tage mit Kameraden auf einer Weide samt Unterstand zu verbringen. Absolut nicht geeignet sind sie für die Isolations-Boxenhaltung, wie sie leider immer noch in zu vielen Reitställen üblich ist. Und nein, es reicht Ihrem Pferd definitiv nicht, wenn Sie eine Stunde am Tag mit ihm arbeiten und dann vielleicht am Abend noch einen kleinen Spaziergang machen. Als Zweibeiner können Sie sich noch so intensiv mit Ihrem vierbeinigen Freund beschäftigen. Sie werden es niemals schaffen, ihm die Artgenossen zu ersetzen. Das gilt natürlich auch für andere Rassen, aber für den Camarguais in besonderem Maße.

Also bitte: Wenn Sie sich ein Camargue-Pferd anschaffen wollen, suchen Sie möglichst schon davor einen Stall, in dem Gruppenhaltung betrieben wird und in dem man Ihren Schimmel in eine Herde integrieren kann. Wenn Sie dazu noch ein schönes Ausreitgelände bekommen, steht Ihrem Glück (und dem Ihres Pferdes!) nichts mehr im Wege.

Clydesdale

Sind Sie von sanften Riesen fasziniert, die Ruhe und Gelassenheit ausstrahlen? Zu den hübschesten Kaltblutrassen gehören die aus Schottland stammenden Clydesdales, mit denen auch Freizeitreiter viel Spaß haben können.

Der Clydesdale stammt ursprünglich aus Schottland und dürfte ein buntes Sammelsurium aus allem sein, was dort im Lauf der Jahrhunderte gezüchtet wurde und durchreiste. Das fing wohl mit einheimischen Stuten an, dazu kamen dann zu Römerzeiten die von den Handwerkern am Hadrianswall eingeführten kräftigen Friesen. Später hat wohl so mancher Spanier den Weg nach Schottland gefunden und schließlich und endlich sind auch die „großen Brüder" – die englischen Shire Horses aus Englands Norden – im Tal des Clyde gelandet und haben die dort einheimischen Pferde geprägt.

Was muss ein Pferd in Schottland können? Das ist wohl zu einem großen Teil davon abhängig, wo in Schottland es zu Hause ist. An der Küste, auf den sturmumtosten Inseln, muss ein Pferd vor allem hart im Nehmen, supergenügsam und gut im Zug und beim Tragen sein. Idealbesetzung dafür: die Shetland-Ponys. Im Landesinneren ist das Futterangebot dagegen deutlich besser, aber dafür war Vielseitigkeit gefragt: Das Pferd musste den Pflug durch schwere Böden ziehen, auf schmalen, unwegsamen Pfaden schwere Lasten tragen oder vor dem Wagen zum Markt gehen. Außerdem trugen die Pferde schwer bewaffnete Soldaten ins Feld und schleppten Lastenkähne auf den Treidelpfaden an den Kanälen. Da war ein starkes, fleißiges, intelligentes Pferd mit guten Nerven notwendig. Und genau das ist der Clydesdale.

Für wen eignet sich ein Clydesdale?

Lassen Sie's gerne gemütlich angehen? Ist Ihnen mehr danach, entspannt durch Wald und Feld zu bummeln, als mit Schmackes über Wiesen zu galoppieren? Wenn Sie dazu noch über einiges an Zeit verfügen und Spaß daran haben, sich ausgiebig mit Ihrem Pferd zu beschäftigen, könnte ein Clydesdale der ideale Freizeitkamerad für Sie sein. Er hat jede Menge Kraft sowohl als Trag- wie auch als Zugspezialist; er hat für einen Kaltblüter auffallend lange Beine, was ihm auf Langstrecken einen Vorteil gibt; er ist gelassen und nervenstark. Dabei gehören die schottischen Kraftprotze keineswegs zu denen, die

Breite Blessen sind typisch.

vor lauter Muskulatur kaum laufen können. Ganz im Gegenteil. Clydesdales sind dafür bekannt, dass sie sich gerne und geschmeidig bewegen und auf der Weide auch herumspringen können wie die Fohlen. Mein Urgroßvater war Bauer und Fuhrunternehmer. Er hatte schwere Belgier im Stall – mit anderen Pferden hätte er nicht arbeiten können. Aber dennoch legte er großen Wert auf hübsche Pferde. Das hatte er mit den Schotten gemeinsam. Sie haben ihre Clydesdales auf Leistung gezüchtet, aber sie wollten auch etwas fürs Auge. Das ist ihnen ausgesprochen gut gelungen. Die meisten Clydesdales haben hübsche Köpfe mit großen, seelenvollen Augen, ihr Körperbau ist durchaus elegant, ihr Langhaar ist üppig und seidig und bietet gute Möglichkeiten, Zöpfchen zu flechten. Das Langhaar und vor allem auch der Behang an den Beinen sind allerdings recht pflegeintensiv. Man muss bei einem Clydesdale darauf achten, dass er sowohl im Stall wie auch auf der Koppel nicht feucht steht, denn sonst bildet sich unter dem Behang Mauke.

Generell gilt: Wer sich einen Clydesdale holt, sollte Zeit für ihn haben. Die schottischen Kaltblüter wollen beschäftigt werden – und das möglichst abwechslungsreich. Clydesdales haben viele Vorteile, aber zu den pflegeleichten Pferden gehören sie eher nicht.

AUF EINEN BLICK

Kategorie Kaltblut

Zuchtgebiet Schottland

Größe 165 bis 172 cm

Farbe Rappen und Braune, Füchse und Schimmel sind unerwünscht.

Exterieur Mittelgroßes Arbeitspferd mit langem, geradem Kopf, oft etwas steiler Schulter und wenig ausgeprägtem Widerrist, kräftigem Rücken und gespaltener Kruppe. Das Fundament ist meist korrekt, auffallend ist der üppige Behang.

Interieur Gutmütig, gelassen, leistungsbereit und lernwillig

Eignung Freizeitreiten und -fahren

Ein Clydesdale verfügt über ein gutes Bewegungspotential, lässt es aber normalerweise lieber gemütlich angehen.

Connemara-Pony

Die Iren – ob zwei- oder vierbeinig – gelten als gute und leistungsbereite Kumpels, die ausgesprochen hübsch anzusehen sind. Man kann ganz viel Spaß mit ihnen haben, aber man sollte sie nicht einengen.

Oliver Cromwell mochte Irland nicht sehr. Wenn er einem Iren das Leben schwer machen wollte, schickte er ihn an die Westküste nach Connemara, dorthin, wo Meer, Land und Luft verschmelzen, wo zu Stock und Stein noch Fels und Moor kommen. Aber genau dort gedeiht eine ganz besondere Pferderasse: das Connemara-Pony.
Entstanden ist die Rasse vermutlich aus den Pferden der Kelten, die Irland besiedelt haben. Dazu kamen dann Welsh-Ponys, die es über den Kanal geschafft hatten, und der eine oder andere Spanier. Zu dieser Mischung gesellte sich noch eine ordentliche Portion Vollblut. Das Resultat kann sich sehen lassen: Die Connemaras sind ausgesprochen hübsche, edle Pferde mit schönem Kopf, harmonischem Körper, einem korrekten Fundament und viel Ausdruck.

Die hübschen Iren sind leistungsbereite Pferde, die auch durch ihren guten Galopp auffallen.

Für wen eignet sich ein Connemara-Pony?

Connemaras können fast alle auffallend gut springen. Berühmt ist Stroller, ein nur 155 Zentimeter großer Connemara-Wallach, der in der Konkurrenz gegen Großpferde sogar das schwere Hamburger Derby gewann. Ihre außergewöhnliche Springveranlagung hängt auch damit zusammen, dass sie ein Fundament haben, das Pferdekenner beglückt. Das fängt bei den meist optimal geformten, knallharten Hufen an, die sie auf den Felsböden in der Connemara gefestigt haben. Darüber kommt üblicherweise ein kurzes, aber dafür auffallend kräftiges Röhrbein. 18 bis 21 Zentimeter sind für ein Connemara-Pony normal – und damit liegen die Kleinen in einem Bereich, der auch bei Großpferden zufriedenstellt. Mit diesen relativ kurzen Röhrbeinen springt es sich gut – damit kann man nämlich die Vorderbeine ohne große Mühe ganz nahe an den Körper „klappen". Wenn dazu noch ein gut gewinkeltes Hinterbein und eine muskulöse Kruppe kommen, bringt das die Sprungkraft, mit der man auch „dicke Klötze" schafft.

Das Exterieur sorgt auch für gute Gänge, wobei die Connemara-Ponys nach ihren Vollblutvorfahren kommen. Sie gehören nicht zu denen, die im Trab brillieren, aber sie haben meist einen ordentlichen Schritt, können sich im Trab gut sehen lassen und glänzen durch einen ausgesprochen effizienten Galopp. Damit kann man auch in der Dressur ordentliche Leistungen erbringen, wobei die ganz große Dressur nicht so unbedingt das Ding der Iren ist. Der dafür nötige Muskelaufbau und die Geschmeidigkeit wären nicht das Problem, aber das Training könnte leicht eintönig werden – und Connemaras sind unabhängige Geister, die auch Spaß haben wollen. Man sollte ihnen häufig einen richtigen Galopp gönnen, bei dem sie sich den Wind um die Nase wehen lassen können. Außerdem mögen sie Herausforderungen – ab und zu im Gelände richtig klettern, auf einem Trailparcours über die Planke gehen, über Baumstämme springen, im See schwimmen. Je mehr Abwechslung man einem Connemara bieten kann, desto glücklicher ist das Pony.

In der Haltung sind die Connemaras dafür ausgesprochen genügsam. In Irland werden sie traditionell in Herden gehalten, die das ganze Jahr frei laufen. Sie versorgen sich aus dem Land – und das hat nur karge Kost zu bieten. Der Speisezettel besteht aus Salzgräsern, angeschwemmten Algen, den Wasserpflanzen der Hochmoore – und das wär's dann schon. Bei uns besteht eher die Gefahr, dass die Ponys zu viel Eiweiß bekommen. Unsere Weiden sind für Connemaras oft zu fett und unser Heu zu eiweißhaltig.

Die Connemaras sind Naturburschen, die sehr gut ganzjährig im Offenstall leben können, wobei natürlich klar sein muss, dass man auch ein Connemara-Pony nicht alleine halten darf.

Connemaras sind ausgesprochen edle Ponys, die sich auch für erwachsene Reiter sehr gut eignen.

AUF EINEN BLICK

Kategorie Pony

Zuchtgebiet Westirland

Größe 128 bis 148 cm

Farben Vorwiegend Schimmel und Falben, Braune, Füchse und Rappen sind selten.

Exterieur Hübscher Ponykopf mit kleinen Ohren, kurzer, kompakter Rücken, meist mit guter Schulter und Sattellage, nicht zu hochbeinig, dafür auffallend starkes Fundament, kleine, feste Hufe

Interieur Intelligent, lebhaft, sozial, sehr auf Menschen bezogen, sehr ehrgeizig

Eignung Ponysport, Freizeitreiten unter dem Englisch- und Westernsattel

Criollo

AUF EINEN BLICK

Kategorie Pony

Zuchtgebiet Südamerika, Karibik

Größe 138 bis 150 cm

Farben Alle Farben, Falben sind besonders häufig

Exterieur Uneinheitlich. Erwünscht sind ein hübscher, keilförmiger Kopf und ein drahtiger Körper mit kompaktem Fundament.

Interieur Intelligent, lernwillig, leistungsbereit, sehr nervenstark

Eignung Freizeitreiten, sämtliche Westerndisziplinen

Die Criollo definitos sind eine recht junge, in Südamerika und in der Karibik beheimatete Pferderasse, die aus den dortigen Hirtenpferden entstanden ist. Ihnen gegenüber stehen die Criollo mestizos, die nicht eingetragenen Pferde ohne Stammbaum.

Amerika war der große Schmelztiegel, nicht nur für Menschen, sondern auch für Pferde. Mit jeder Einwandererwelle trafen auch andere Pferde in Südamerika ein. Es fing mit den spanischen Eroberern an, die mit Andalusiern und Sorraias kamen, und ging weiter mit Italienern und Iren mit ihren Huntern, Niederländern mit Friesen, Franzosen mit Percherons und Engländern mit Ponys aller Couleur, aber auch Shire Horses und Clydesdales.

Die Verhältnisse der Pampa prägten die Pferde. Nur die Harten kamen durch – und es waren die im Vorteil, deren Vorfahren recht urtümlichen Rassen angehörten. Sie haben sich jedenfalls im Genpool überproportional durchgesetzt, was man daran erkennt, dass sehr viele Criollos Urpferdemerkmale wie zum Beispiel zebrierte Beine und einen Aalstrich aufweisen. Dazu gibt es unter den Criollos auffallend viele Falben in jeder nur denkbaren Farbvariante – vom Mausfalben in grau-braun über den Goldfalben zum dunklen Graufalben.

In europäischen Rassebüchern liest man manchmal, dass „Criollo" gar keine Rasse sei, sondern der Sammelbegriff für alle möglichen aus Südamerika stammenden Pferde. Ganz richtig ist das nicht. In Argentinien, Uruguay, Brasilien, Chile, Paraguay, Peru, der Karibik und Venezuela regiert die FICCC (Federación Internacional de Criadores de Caballos Criollos) die Zucht. Sie verlangt den Nachweis von vier reinrassigen, eingetragenen Vorfahren eines Pferdes, damit es sich „Criollo definitivo" nennen darf. Wer diesen Adelsbrief nicht bringen kann, wird „Mestizo" – Mischling – genannt.

Für wen eignet sich ein Criollo?

Auch bei Pferden gibt es Moden – und die Criollos waren in Nordeuropa Anfang der 80er-Jahre des vorigen Jahrhunderts „in". Das war leider nicht zu ihrem Vorteil, denn eifrige Geschäftemacher kauften in Südamerika Mestizos in großer Zahl ein und schickten sie auf Sammeltransporte über Italien nach Deutschland. Hier wurden sie als „Ranchpferde für Anfänger" verkauft.

Trotz ihres Temperaments sind die Südamerikaner durchaus familientauglich.

Criollos leben in ihrer Heimat in Herden ganzjährig unter freiem Himmel.

Das ging in vielen Fällen schief. Die vom Schiffstransport traumatisierten Tiere hatten Anpassungsschwierigkeiten, dazu konnten ihre neuen Besitzer oft genug nicht mit der Reitweise umgehen, in der ihre Pferde mehr oder weniger gründlich ausgebildet waren. Das Resultat war, dass die importierten Criollos schon nach kurzer Zeit einen schlechten Ruf hatten.

Eigentlich ist es ein Jammer, denn gute Criollos sind nicht nur für alle Westerndisziplinen geeignet, sondern außerdem in der Tat ideale Anfänger- und Familienpferde. Sie haben Nerven wie Drahtseile und sie sind willig, sich wirklich auf ihre Menschen einzulassen. Allerdings setzt das voraus, dass man das Pferd mit Bedacht und Verstand ausgesucht und eingekauft hat.

Die beste Chance, an einen reell aufgezogenen und angerittenen Criollo zu kommen, hat man beim Züchter – und davon gibt es inzwischen auch in Europa eine ganze Menge. Ansonsten kann man über vertrauenswürdige Händler gute Pferde finden, wobei man in dem Fall darauf achten sollte, dass sie Papiere vom FICCC haben. Und schließlich lohnt sich auch bei Criollos die Überlegung, ob man ein Pferd „roh" kaufen und das Geld, das man dabei spart, in die Ausbildung durch einen Profi, der sich mit der Rasse auskennt, stecken sollte.

Das Deutsche Reitpony ist ein elegantes, temperamentvolles kleines Sportpferd mit viel Ausdruck.

AUF EINEN BLICK

Kategorie Pony

Zuchtgebiet Deutschland

Größe 138 bis 148 cm

Farbe Alle Farben, keine Schecken

Exterieur Edles Sportpferd im Warmbluttyp

Interieur Leistungsbereit, sensibel, manchmal recht eigenwillig, intelligent und menschenbezogen

Eignung Turniersport und Freizeitreiten unter dem Englischsattel

Deutsches Reitpony

Bei „Pony" denken die meisten Leute an ein Pferdchen für Kinder. Das Deutsche Reitpony ist aber eher kein Anfängerpferd, sondern hochbegabt für den Turniersport und auch für zierliche Reiterinnen eine großartige Alternative zum Großpferd.

Eines der cleversten Pferde, mit denen ich je zu tun hatte, war das Deutsche Reitpony Caletto. Der kleine Fuchs war ein echtes Charakterpferd und ein typischer Vertreter seiner Rasse insofern, dass er Grand Prix-Lektionen beherrschte und viel Springvermögen hatte, aber auch darin, dass er sehr eigenwillig sein konnte. Als Kuschelpony für ein Kind wäre er ganz sicher nicht geeignet gewesen, denn er hielt auf Abstand. Schmusen war nicht seins.

Aber dafür werden Deutsche Reitponys auch nicht gezüchtet. Bei ihnen war von Anfang an klar, dass sie edle, kleine Sportpferde sein sollten. Dementsprechend wurde ausgewählt: Haflinger, Dülmener Ponys, Connemaras, Welsh-Ponys und andere englische Ponys wurden mit Englischen Vollblütern, Arabern, Anglo-Arabern und ausgewählten Warmblütern gekreuzt. Den Züchtern war dabei durchaus bewusst, dass die edlen Blüter ihren Nachkommen zwar Intelligenz und Menschenbezogenheit vererben, aber die Pferde aus solchen Kreuzungen nicht immer durch Gelassenheit auffallen. Und „pflegeleicht" sind sie auch nur bedingt. Doch in der Pferdezucht kann man nicht alles haben. Wer die Eleganz und die fördernden Gänge eines Sportpferdes und seinen Leistungswillen – zu dem ja eine gewisse Intelligenz und Ehrgeiz gehören – schätzt, kann nicht gleichzeitig die Gemütsruhe und Gutmütigkeit eines Kaltblüters erwarten.

Für wen eignet sich ein Deutsches Reitpony?

Caletto wurde für eine Vierjährige angeschafft – und nein, das widerspricht meiner Aussage, dass Deutsche Reitponys keine Kinderpferde sind, keineswegs. Calettos kleine Besitzerin hatte nämlich eine zierliche Mutter, die sehr gut reiten konnte. Sie bildete parallel Pony und Tochter aus – mit dem Resultat, dass die beiden 14-jährig dann Piaffe und Passage reiten konnten. Vorteil für die Tochter dabei: Caletto war kein „Trippel-Trappel-Pony", sondern brachte ihr von Anfang an bei, einen schwungvollen, „großen" Trab geschmeidig und in Anlehnung zu reiten. Übrigens macht man es in England, wo man viel Erfahrung mit Ponys und Kindern hat, ebenso. In den Ponyclubs sorgen leichtgewichtige Bereiter – das sind durchaus öfter die Mütter von Ponykindern – dafür, dass die kleinen Vierbeiner korrekt geritten werden. Und dadurch, dass sie ordentlich ausgebildet sind und die Kinder auf ihnen unter Aufsicht lernen, werden dann auch temperamentvolle Halbblüter zu guten Kinderreitpferden.

Damit sind wir bei meiner Empfehlung: Ein Deutsches Reitpony fürs Kind ist dann eine gute Anschaffung, wenn ein Elternteil „mitreiten" kann oder sich ein geeigneter Bereiter findet. Ein Deutsches Reitpony ist aber auch als „Damenpferd" für nicht zu schwere Reiterinnen eine Überlegung wert. Die Kleinen bieten nämlich neben ihrer Vielseitigkeit – die meisten haben ausgesprochen gute Gänge, können springen und sind im Gelände wendig und trittsicher – eine ganze Menge „Komfort" für eine(n) leichtgewichtige(n) Reiter(in). 300 Kilo Pony lassen sich naturgemäß leichter zusammenhalten als 600 Kilo Großpferd, sie sind wendig und man kann sie bei entsprechender Ausbildung mit leichter Hand reiten.

Mit Schmackes durchs Gelände – in der Vielseitigkeit sind Deutsche Reitponys talentiert!

Deutsches Warmblut

Warmblüter sind Weltmeister im Springen, in der Dressur und in der Vielseitigkeit, prägen alle Sportpferdezuchten der Welt und sie glänzen als liebenswerte und vielseitige Freizeitkameraden für Reiter und Fahrer.

Meine Reiterkarriere war eher atypisch – nur in einem nicht: Ich habe mit einem Warmblüter angefangen, und obwohl ich immer wieder auch andere Pferde geritten habe, lief es am Ende doch wieder auf einen Deutschen Warmblüter hinaus. Dahinter steckt Überzeugung und Liebe. Ich mag die Intelligenz und die Sensibilität der Warmblüter, ihre Menschenbezogenheit und ihre Bereitschaft mitzumachen. Ich habe ihre großen, elastischen Bewegungen immer genossen und ich finde es großartig, dass man mit einem guten Warmblüter so ziemlich alles machen kann: Dressur, Springen, Vielseitigkeit, gemütlich im Gelände bummeln, an der Hand und unter dem Sattel durch den Geschicklichkeitsparcours, mit Tempo auf die Jagd. Und wenn mir danach gewesen wäre, hätte ich meinem Vierbeiner auch beibringen können, vor der Kutsche zu gehen – Warmblüter können nicht nur bis zum Doppelten ihres Eigengewichts ziehen, sondern sehen dabei auch noch gut aus.

Mein erster Warmblüter war eine wunderschöne württembergische Schimmelstute. Oder besser gesagt: Halali trug den württembergischen Brand. Württembergisches Blut hatte sie aber nicht. Ihr Vater war der Trakehner-Hengst Himalaya, ihre Mutter eine Hannoveraner-Stute. Beide Eltern und die Tochter waren aber vom baden-württembergischen Zuchtverband anerkannt und ins Stutbuch aufgenommen worden. Und so galten auch Halalis Kinder – ob sie nun von einem Hannoveraner, Holsteiner oder gar Vollblut-Vater abstammten – als Württemberger. Voraussetzung war nur, dass der Vater auch für Württemberg anerkannt war.

Sie finden das verwirrend? Ich habe noch ein Beispiel: Schräg gegenüber von meinem Schimmel stand eine Fuchsstute, die auf den ersten Blick eher unauffällig wirkte. Auf den zweiten erkannte man die gewaltige Schulter, das eisenharte Fundament und den edlen Kopf – Herka war eine Vollblut-Stute aus einem sehr edlen Stamm. Und was meinen Sie, kam heraus, als Herka ein Fohlen von einem Holsteiner-Hengst bekam? Ein Württemberger! Wie das geht? Ganz einfach: Ein Fohlen bekommt üblicherweise von dem Verband Papiere, bei dem die Mutter als Zuchtstute eingetragen ist.

Warmblüter sind sportlich.

Edel, großrahmig und mit schwungvollen Bewegungen eignet sich ein Deutsches Warmblut für viele Reiter.

Dazu kommt, dass sich die Zuchtziele – also die Beschreibung, wie das zur jeweiligen Rasse gehörende Pferd aussehen sollte – der deutschen Warmblutverbände immer mehr aneinander angenähert haben.
Nach dem Zweiten Weltkrieg waren die Wege der regionalen Zuchtverbände sehr individuell. Im Norden bei den Holsteinern setzte man zur Umzucht vom schweren Fahr- und Arbeitspferd auf Vollblüter und definierte das Springpferd als Zuchtziel. Dafür wurden dann nach der ersten Umzuchtphase Hengste aus Frankreich eingeführt – wie zum Beispiel der berühmte Halbblüter Cor de la Bryère. Der große „Corde", wie er in Holstein meist liebevoll genannt wurde, lieferte über seine Vollblutvorfahren den sogenannten „Blutanschluss" – also eine genetisch ähnliche Ausrichtung, die dafür sorgt, dass keine zu wilde Mischung herauskommt – und er hat sein sagenhaftes Springvermögen über Generationen weitervererbt.
Springveranlagung brachte aber auch der Holsteiner Capitano mit – und von dem beziehungsweise seinem Araberahnen Ramzes haben die Holsteiner auch die sehr verbreitete Schimmelfarbe bekommen. Die gibt heute zum Beispiel der Superstar Clinton II weiter – und der wiederum ist nicht nur ein Nachkomme des Capitano, sondern hat auf der Mutterseite auch Cor de la Bryère im Stammbaum. Da kommen also die großen Springlinien wieder zusammen und dementsprechend sieht man die ausgesprochen hübschen Nachkommen auch auf den großen Turnierplätzen im Springparcours.
Während die Holsteiner Springpferde züchteten, hatten die Hannoveraner eher die Dressur im Fokus, ebenso wie die Oldenburger. Sie erkannten richtig, dass ihr vorhandenes „Ausgangsmaterial", die repräsentativen Karossiers mit der hohen Knieaktion, nicht unbedingt in

Rasseporträt — Deutsches Warmblut

AUF EINEN BLICK

Kategorie Warmblut

Zuchtgebiet Deutschland, Nordamerika

Größe 160 bis 174 cm

Farben Alle Farben, Schecken sind selten

Exterieur Elegantes Sportpferd mit hübschem Kopf, gut schräger Schulter, klaren Beinen. Gewünscht ist ein Langrechteckformat mit gut schwingendem Rücken und nicht zu langem Hals.

Interieur Intelligent, lernfähig, leichttrittig, freundlich im Umgang

Eignung Dressur, Springen, Vielseitigkeit, Fahren, Voltigieren, Freizeitreiten

---

zwei, drei Generationen solide und züchterisch sinnvoll in eine ganz andere Richtung zu bringen war. Also beschlossen sie, die Gänge als Vorteil zu sehen und große Dressurpferde zu züchten.

Im Süden unterdessen, ausgehend vom baden-württembergischen Haupt- und Landgestüt Marbach, hatte man in den Anfängen nicht so große sportliche Ambitionen. Man wollte ein hübsches, vielseitiges Freizeitpferd züchten. Dafür wurden am Anfang der Umzüchtungsphase vorwiegend Trakehner-Hengste eingesetzt. In den 80ern und 90ern des vorigen Jahrhunderts entwickelten dann vor allem die privaten Züchter Ehrgeiz, setzten verstärkt auf norddeutsche Hengste und arbeiteten damit auf das Zuchtziel eines deutschen Sportpferdes hin. Manchmal wirkt dann aber ein Hengst prägend – und in Württemberg war das ganz sicher der bildschöne schwarze Vollblüter Heraldik xx. Er selbst war ein erfolgreiches Springpferd mit einigen S-Siegen gewesen und sein Springvermögen hat er durchaus weitergegeben – kombiniert mit der Härte und dem Galopp, der für seine Rasse typisch ist. Das Ergebnis waren hochtalentierte Vielseitigkeitspferde wie zum Beispiel Ingrid Klimkes Olympiapferd Abraxxas oder Michael Jungs Siegerpferd Sam, dessen Mutter eine Heraldik-Tochter war.

Inzwischen kann man kaum mehr von „regionalen Spezialitäten" bei den einzelnen Zuchtverbänden reden. Vor allem die Einführung der künstlichen Besamung in der Warmblutzucht hat dazu geführt, dass quer durch Deutschland gezüchtet wird. Die deutschen Brandzeichen sind heute kein Ausweis mehr für eine bestimmte Spezialität, sondern eher ein „Markenzeichen" für ein vielseitiges Sportpferd.

Dazu passt dann auch, dass nun viele Hengste auf den großen Deckstationen für mehr als einen Verband zugelassen sind.

Oldenburger wurden einst als repräsentative Karossiers gezüchtet.

Aus diesen Gründen ist die regionale Abstammung nur noch für Züchter relevant. Die müssen sich auch für die Urgroßeltern und Ururgroßeltern ihrer Zuchtstuten interessieren. Aber für Reiter spielt es kaum eine Rolle, ob ihr Sportpferd das Hannoversche oder das Holsteiner-H auf der Kehrseite trägt. Alle Deutschen Warmblüter werden durch das gemeinsam formulierte „Rahmenzuchtziel" definiert: „Gezüchtet wird ein edles, großliniges und korrektes, gesundes und fruchtbares Pferd mit schwungvollen, raumgreifenden, elastischen Bewegungen, das aufgrund seines Temperamentes, seines Charakters und seiner Rittigkeit für Reitzwecke jeder Art geeignet ist."
Im Oberbegriff „Deutsches Warmblut" stecken folgende regionale Rassen:
— Bayerisches Warmblut
— Deutsches Sportpferd (Dahinter stecken die „Ostpferde": Brandenburger Warmblut, Sachsen-Anhaltiner Warmblut, Sächsisches Warmblut und Thüringer Warmblut, sie wurden einige Jahre nach der Wende zum „Deutschen Sportpferd").
— Hannoveraner (inklusive der ehemaligen Hessischen Warmblüter)
— Holsteiner
— Mecklenburger Warmblut
— Oldenburger
— Rheinisches Warmblut
— Senner Pferd
— Warmblut des Zuchtverbandes für deutsche Pferde
— Westfale
— Württemberger Warmblut
— Zweibrücker Warmblut

Die Zuchtziele der regionalen Warmblutzuchten in Deutschland haben sich im Laufe der Jahre immer mehr angenähert.

Für wen eignet sich ein Deutsches Warmblut?

Ob eine Beziehung zwischen Ross und Reiter funktioniert – es ist ähnlich wie bei einer Ehe: Den absolut perfekten Partner wird keiner von uns je bekommen. Ob es trotzdem klappt, ist auch davon abhängig, wie „kompatibel" die beidseitigen Schwächen sind. Ich zum Beispiel konnte in meinem Reiterleben immer ganz gut damit leben, dass mein vierbeiniger Partner nicht einer der fleißigsten war. Ich bin vor allem in den letzten Jahren eher ängstlich, insofern war ich mit meinem Schwarzen, der nichts von unnötiger Anstrengung hielt, sehr gut bedient. Der Junge hatte nämlich Nerven wie breite Nudeln. Wo andere in wilder Panik losstürmen, blieb er erst einmal stehen, schaute sich das Objekt des Schreckens an und beschloss dann in den meisten Fällen, dass man daran ganz ruhig vorbeigehen kann. Ich habe das genossen. Aber eine Freundin von mir hätte es wahnsinnig gemacht. Sie hat vor nichts Angst, aber eine Abneigung gegen faule Pferde. Ihres darf ruhig

Rasseporträt — Deutsches Warmblut

ein bisschen „gaga" sein und scheuen und hüpfen – solange es nur fleißig marschiert. Und das ist eben einer der großen Vorteile des Deutschen Warmblüters: Er ist ausgesprochen vielseitig und es ist so ziemlich jeder Typ – vom temperamentvollen, eleganten Blüter bis zum gelassenen Gewichtsträger – zu haben.

Wie gut das mit der Vielseitigkeit – und hier ist nicht die Disziplin, sondern die Eigenschaft gemeint – bei den Deutschen Warmblütern klappt, zeigt sich vor allem an den „Ausreißern" in einzelnen Linien. Einer der berühmtesten war wohl Corlandus, ein mächtiger Holsteiner, der in Seoul 1988 Silber in der Dressur gewann. Dabei ist seine Mutter eine Tochter des Springvererbers Landgraf, Vater war die Springvererber-Legende Cor de la Bryère. Corlandus konnte tatsächlich springen, aber er konnte auch ganz groß marschieren – und das qualifizierte ihn für die Dressur.

Ein anderer „Ausreißer" steht in Michael Jungs Stall und heißt River of Joy. Beim Blick auf sein Boxenschild denkt wahrscheinlich jeder Pferdekenner erst einmal „Dressur". River of Joy ist nämlich ein Sohn des Rubicells, der selbst erfolgreich in der Dressur unterwegs ist. Das hat er mit seinem Vater Rubinstein gemeinsam, der zu den großen deutschen Dressurvererbern gehört. Auch bei der Mutter von River of Joy würde man eher an Dressur als an Vielseitigkeit denken, sie stammt ab vom Vollblüter Pageno xx, der meist Dressurpferde hervorbrachte. Dennoch ist River of Joy Vielseitigkeitspferd und war unter Michael Jung deutscher Meister in dieser Disziplin.

Und auch mein Schwarzer gehörte in die Kollektion der Pferde, deren größtes Talent nicht unbedingt aus dem Stammbaum abzulesen war. Er war ein Rubinstein-Sohn und er hatte durchaus die wunderschönen Gänge und die Geschmeidigkeit des Vaters geerbt. Das Problem war nur, dass er Dressur wahrhaftig verabscheute. Dafür aber sprang er nicht nur hervorragend und in brillanter Manier, sondern hatte auch Riesenspaß daran.

Verallgemeinernd kann man wohl sagen: Mit einem Deutschen Warmblüter als Freizeitpferd müssen Sie sich nicht festlegen. Ob Sie im Herbst einmal bei einer Jagd mitreiten wollen, ob Sie irgendwann beim Vereinsturnier ein bisschen Dressur oder Springen reiten möchten, ob Ihnen nach Trail oder Wanderreiten ist – es ist alles drin. Deswegen eignet sich die Rasse auch hervorragend als Familienpferd.

Die Frage ist nur: Wie kommen Sie zu einem guten Deutschen Warmblutpferd? Bevor wir da aber einsteigen, müssen wir noch etwas anderes bedenken: Superschnäppchen sind in dem Bereich so selten wie ein Sechser im Lotto. Wer einen gesunden, guten Warmblüter hat, ist sich bewusst, was für ein Schatz in seinem Stall steht – und warum sollte er ihn unter Wert verkaufen?

Eine sehr gute Möglichkeit ist es bei Warmblütern, auf einem Gestüt einzukaufen. Wenn Sie das einplanen, sagen Sie dem Züchter ehrlich, was Sie können und was Sie wollen. Einer der größten Vorteile dort ist

Durch seine Vielseitigkeit ist das Deutsche Warmblut bei Freizeitreitern sehr beliebt.

Hannoveraner sind wie viele Warmblüter auch im großen Sport zu Hause.

sicher der, dass der Züchter üblicherweise mehr über seine Pferde weiß als ein normaler Verkäufer: Er kennt die Familie. Er hat erlebt, dass sich beim älteren Bruder Ihres Kandidaten die leicht überbaute Kruppe im vierten Jahr ausgewachsen hat; dass die Mama dereinst an der Longe länger gebraucht hat, bis sie ins Gleichgewicht gefunden hat, sich dafür aber als Naturtalent unter dem Sattel erwiesen hat.

Ist es ein Gestüt mit einer Deckstation, hat der Besitzer meist nicht nur die eigenen Fohlen anzubieten, sondern auch Interesse daran, dass der Nachwuchs seiner Hengste gut verkauft wird. Also vermittelt er Ihnen gerne auch ein Pferd von einem seiner „Kunden", den Stutenhaltern. Rufen Sie beim Zuchtverband oder beim Landgestüt in Ihrer Region an und fragen Sie nach guten Züchtern in Ihrer Nähe.

In vielen Fällen ergibt es sich aber auch einfach, ein Warmblut zu kaufen: Man erwähnt einmal im Stall, dass man sich ein eigenes Pferd anschaffen will und schon bekommt man vom Reitlehrer eines der Schulpferde angeboten, ein anderer empfiehlt seine Reitbeteiligung und ein dritter weiß von einem Scheidungsopfer im Nachbarstall. Wenn Sie in diese Richtung marschieren – im Arbeitstempo Marsch zurück zu Seite 16.

Englisches Vollblut

Mögen Sie Superlative? Dann sind Sie bei den Englischen Vollblütern richtig. Sie sind die Schnellsten. Sie sind die Teuersten. Sie sind super-reingezüchtet. Sie werden unglaublich verwöhnt und unglaublich hart beansprucht.

AUF EINEN BLICK

Kategorie Vollblut

Zuchtgebiet Großbritannien, heute weltweit

Größe 150 bis 165 cm

Farben Vorwiegend Braune und Füchse, Rappen und Schimmel kommen vor, keine Schecken

Exterieur Edler, gerader Kopf, tief angesetzter Hals, große, schräge Schulter, kräftiger Rücken, trockenes, manchmal nicht ganz korrektes Fundament

Interieur Hochintelligent, sensibel, temperamentvoll, menschenbezogen

Eignung Vielseitiges Sport- und Freizeitpferd für erfahrene Reiter

Englische Vollblüter sind so etwas wie die „Royals" unter den Pferden – und wie bei den zweibeinigen Royals fragt man sich bei den Prinzen auf vier Hufen, ob man sie um ihr privilegiertes Leben beneiden oder bemitleiden soll. Für den Luxus, mit dem sie aufwachsen, haben sie nämlich zu bezahlen. Während zweijährige Warmblüter noch im Kindergarten auf der Koppel spielen, werden die Vollblüter schon angeritten, trainiert und zu den ersten Rennen auf die Bahn geschickt. Und wenn sie da keine Erfolge bringen, sind sie ganz schnell raus – das bedeutet unter Umständen sogar Endstation Pferdemetzger.
Der Name verrät es schon: Die Rasse „Englisches Vollblut" ist in England entstanden. Dort waren die Leute immer wettverrückt. Sie haben bereits im 17. Jahrhundert Rennen ausgetragen – und versucht, möglichst schnelle Pferde zu züchten. Dabei spielten drei Hengste aus dem Orient eine besondere Rolle: der Araber Darley Arabian, der Berber Godolphin Barb und Byerly Turk, vermutlich ein Achal-Tekkiner. 1793 wurde dann das General Studbook für Englische Vollblüter gegründet – und seitdem ist es übrigens geschlossen. Das heißt, es werden nur die Pferde als Englische Vollblüter eingetragen, deren Vorfahren schon im Buch standen.

Selbstbewusst und sensibel eignen sich Vollblüter für erfahrene, gefühlvolle Reiter.

Vollblüter sind Modellathleten mit klar konturierten Muskeln. Rennen liegt ihnen im Blut.

Das sind aber recht viele. Ausgehend von den drei Gründerhengsten und ihren Nachkommen gibt es inzwischen weltweit an die 200.000 Mutterstuten, von denen ungefähr 65.000 auf den amerikanischen Gestüten zu Hause sind. In Deutschland gibt es ungefähr 2.000 eingetragene Vollblutstuten. Zuchthengste sind es deutlich weniger – an sie werden sehr hohe Anforderungen gestellt. Sie müssen einige Rennen gewonnen haben oder zumindest hoch platziert sein, ehe sie decken dürfen. Vollblutzucht ist Leistungszucht!

Innerhalb der Zucht gibt es drei Typen: Die Sprinter, die auf der Kurzstrecke bis zu 60 km/h Spitzengeschwindigkeit erreichen; die Stayer, die auf der Langstrecke Durchhaltevermögen zeigen und die Steepler, die in Hindernisrennen eingesetzt werden. Am teuersten bezahlt werden die Sprinter – und bei den Preisen, die in diesem Bereich üblich sind, kann einem schwindelig werden. Da kostet ein Jährling auf der Auktion schon einmal 10 Millionen, ein Sieger, wie zum Beispiel der Hengst Shareef Dancer, der unter anderem das Irish Derby gewonnen hat, wurde nach seiner Karriere für flotte 40 Millionen $ als Zuchthengst verkauft. Und während bei Warmbluthengsten höchstens einmal ein Superstar eine vierstellige Decksumme erreicht, muss man für den Sprung eines Vollbluthengstes – ohne Trächtigkeitsgarantie – mindestens € 5.000 anlegen.

Rasseporträt — Englisches Vollblut

Für wen eignet sich ein Englisches Vollblut?

Wer das nötige Kleingeld für ein Rennpferd und sein Training auf der Rennbahn hat, bekommt Glitter und Glamour gleich dazu geliefert. Die großen Rennen sind weltweit gesellschaftliche Großereignisse. In England kann man mit etwas Glück der Königin beim Jubeln zusehen, auch in Chantilly unweit Paris, der größten Rennbahn auf dem Kontinent, und in Baden-Baden treffen Sie Prominenz.

Doch Vollblüter taugen nicht nur auf der Rennbahn. Heraldik xx (das xx zeichnet den Englischen Vollblüter aus!) zeigte sein enormes Vermögen unter dem Springsattel. Der schöne Schwarze hat mehrere große Springen gewonnen, bevor er einer der erfolgreichsten Veredler in der modernen Warmblutzucht wurde. Arak xx bewies, dass ein ehemaliges Rennpferd erfolgreich auf Dressurpferd umsatteln kann. Monica Theodorescu kaufte den damals sechsjährigen Wallach, der davor zwei Jahre auf der Rennbahn gewesen war, bildete ihn geduldig aus und stellte ihn dann in großen Dressuren vor. Charisma xx schließlich, der kleine, in Neuseeland gezogene Rappe, konnte Dressur und Springen und dazu sehr schnell laufen. Das bewies er unter Mark Todd, indem er gleich zwei olympische Goldmedaillen in der Vielseitigkeit gewann.

Ein Vollblut hat Spaß am Tempo – Sie auch? Dennoch brauchen Vollblutpferde eine solide Ausbildung, immer nur rennen geht nicht.

Die Zuchtanforderungen sind hoch, weswegen die Vollblutzucht immer eine Leistungszucht ist.

Einen Vollblüter von der Rennbahn zu bekommen, ist kein Problem. Es ist sogar ein recht preiswerter Weg, zu einem edlen Pferd zu kommen. Die Anforderungen für die Vollblutzucht sind sehr hoch und fast alle Trainer haben eine ganze Menge Pferde im Stall, die keine Chance haben, einen Platz im Gestüt zu bekommen. Nähert sich ihre Karriere dem Ende, sind Trainer und Besitzer froh, wenn sich ein Platz in einem Reitstall findet. Die Alternative dazu ist leider der Schlachthof. Dementsprechend sind „ausrangierte" Rennpferde meist für eher wenig Geld zu haben. Allerdings sollte man bei der Anschaffung nicht nur das Herz sprechen lassen, sondern auf jeden Fall auch den Tierarzt. Galopprennen sind kein Picknick und manches Pferd holt sich dabei eine Verletzung an den Beinen ab.

Als Neubesitzer eines Vollblüters sollten Sie sich außerdem darauf einstellen, dass die Umschulung vom Renn- zum Reitpferd mindestens so lange dauert wie die Grundausbildung eines jungen Pferdes und mindestens genauso viel Können und Geduld erfordert. Dafür aber wird man mit einem ganz besonderen Pferd belohnt. Monica Theodorescu jedenfalls schrieb über ihren Arak: „Er hatte einen außergewöhnlichen Charakter. Er war sanft und menschenbezogen. Da war nichts Boshaftes, nichts Abweisendes, stattdessen eine Sensibilität, die ich nie bei anderen Pferden in dem Maße gefunden habe." Aber sie gab auch zu: „Der Anfang der Ausbildung war sehr mühsam."

Fjordpferd

Norwegen ist das Land der endlosen Wälder, der Fjorde, der einsamen Bergbauernhöfe und der Naturburschen. Die vierbeinigen Norweger sind hübsch, urig, genügsam und langlebig.

Das Mehlmaul und die zweifarbige Mähne sind typisch für Fjordpferde.

AUF EINEN BLICK

Kategorie Pony

Zuchtgebiet Norwegen

Größe 135 bis 150 cm

Farben Falben mit Aalstrich, weiße Abzeichen sind unerwünscht

Exterieur Keilförmiger Kopf mit großen Augen und kleinen Ohren, Hals manchmal etwas speckig, steile Schulter bei nicht sehr ausgeprägter Sattellage, Kruppe oft gespalten, sehr kräftiges Fundament

Interieur Gelehrig, ausgeglichen, robust, intelligent, manchmal etwas dickköpfig

Eignung Freizeitpferd für Reiten und Fahren, oft erstaunlich viel Gang

Es liegt wohl am Land: Mit unzähligen Fjorden, hohen Bergen und endlosen Wäldern, kurzen Sommern und eiskalten Wintern hat es die Menschen dazu gezwungen, sich anzupassen. In Norwegen erfindet man die Welt nicht neu, sondern lernt, mit ihr umzugehen, wie sie ist. Das gilt auch für die norwegischen Pferde. Anderswo hat man die Wildpferde eingefangen, gezähmt und umgezüchtet. In Norwegen hat man die Pferde gelassen, wie sie waren. Die kräftigen Falben konnten alles, was die Norweger von ihren Pferden wollten: Sie arbeiteten unter der Woche auf den Feldern und in den Wäldern, am Sonntag zogen sie die Kutsche zur Kirche und sie waren auch für ein kleines Rennen unter dem Reiter zu haben.

Fjordpferde weisen daher einige Urpferdemerkmale auf, wie zum Beispiel eine Tarnfarbe: Sie sind Falben ohne weiße Abzeichen und mit einem schwarzen Aalstrich, der sich vom Mähnenansatz zwischen den Ohren über die Mähne und den Rücken zur Kruppe bis zum Schweif zieht. An den Vorderbeinen zeigen sich typische schwarze Streifen, die sogenannte Zebrierung. Dazu kommen oft noch der „Spiegel", die Weißfärbung der Kehrseite, und das Mehlmaul. Die Pferde sehen aus, als wenn sie einen Besuch in der Bäckerei gemacht und dabei die Nase in den Mehlsack gesteckt hätten.

Für wen eignet sich ein Fjordpferd?

Aus der Tatsache, dass Sie bis hier gelesen haben, vermute ich fast, dass Ihnen die norwegischen Naturburschen gefallen. Bleibt also die Frage, ob ein Fjordi zu Ihnen passt.

Fangen wir mit den körperlichen Voraussetzungen an: Sind Sie über 180 Zentimeter groß, sollten Sie zumindest überlegen, ob es wirklich ein Fjordpferd sein soll. Es kann Gewicht tragen, das steht außer Zweifel. Dennoch ist das Bild eines großen Erwachsenen auf einem stämmigen Fjordi für manche gewöhnungsbedürftig. Ein Ausschlussgrund für die Anschaffung ist sportlicher Ehrgeiz. Dressur und Springen sind nicht die Paradedisziplinen der Fjordis, auch wenn es sicher

Ausnahmen gibt. Damit wären wir dann aber bei der Frage: Was können die Fjordis? Und da verweise ich nach oben: Vieles! Es ist ganz von Ihnen abhängig, wie Sie Ihren Norweger reiten und ausbilden. Er passt sowohl zur englischen wie auch zur Westernreitweise. Steht Ihnen der Sinn nach einem Wanderritt, dann sehen Sie zu, dass Ihr Fjordpferd entsprechend Kondition aufbaut – das geht am besten mit langen Geländeritten auf unterschiedlichen Böden. Abwechslung im Training ist wichtig. Wo andere Pferde „nur" abstumpfen, wird ein Fjordpferd manchmal stur. Und wenn sich 450 Kilogramm gegen Ihre Hand stemmen, haben Sie schon fast verloren.

Fjordis sind robust und lieben es, draußen unterwegs zu sein.

Freiberger sind sowohl vor der Kutsche wie auch unter dem Sattel fleißig, gutmütig und gelassen.

Freiberger

Die Schweizer sind für ihre Gelassenheit bekannt – das gilt für die zwei- wie auch für die vierbeinigen. Letztere heißen „Freiberger", und wer sich einen anschafft, bekommt nicht nur einen tollen Freizeitkameraden, sondern hat auch etwas für den Erhalt einer alten Haustierrasse getan.

Früher waren leichte Kaltblüter überall da verbreitet, wo steile Felder, Wiesen und Wälder zu bewirtschaften waren. Dort hätten die schweren Jungs Probleme gehabt, sich selbst auszubalancieren und dabei noch Arbeit zu verrichten. Rassen wie die in der Schweiz beheimateten Freiberger, die österreichischen Noriker und die Schwarzwälder Füchse haben damit aber keine Probleme. Sie sind geländegängig und obendrein für ihre Trittsicherheit berühmt.

Die Freiberger beweisen das bis heute im Militäreinsatz. In der Schweiz sind die Berge ja mindestens so ausgehöhlt wie der Käse. In den künstlichen Höhlen, die teilweise sehr hoch liegen, sind technische Einrichtungen und Lager für Munition, Waffen und Vorräte. Und zur Versorgung dieser Bereiche hat die Schweizer Armee immer noch Pferde im Einsatz – und vermutlich ist es nicht nur Patriotismus, der dazu führt, dass für diesen Zweck Freiberger eingekauft werden. Abgesehen von

„Leichter Kaltblüter" heißt im Fall eines Freibergers nicht „Schlafmütze".

ihrer Trittsicherheit bringen sie nämlich noch ein paar Eigenschaften mit, die sie für den Job qualifizieren: Sie sind kräftig genug, schwere Munitionskisten und Futtersäcke auf steilen Pfaden die Berge hinaufschleppen zu können; sie sind so leichtfuttrig, dass selbst sparsame Militärs bei der Futterrechnung nicht zucken und sie sind so freundlich und menschenbezogen, dass selbst Soldaten, die davor höchstens einmal einen Goldhamster betreut haben, mit ihnen klarkommen.

Für wen eignet sich ein Freiberger?

Ein Freiberger ist ein wunderbarer Freizeitkamerad für die ganze Familie. Er geht unter der Mutter in der Reitstunde, übt mit der Tochter im Trail-Parcours, zischt mit Junior durch den Wald und wenn Vater im Herbst vom Jagdfieber ergriffen wird – im ersten Feld, in dem über große Hindernisse gesprungen wird, ist der Freiberger nicht unbedingt qualifiziert, aber weiter hinten kann man mit ihm Spaß haben. Und wenn der Opa dann noch auf die Idee kommt, mal wieder mit der Kutsche fahren zu wollen, ist auch das drin.

Freiberger sind nervenstark und leistungsbereit. Die robusten, leichtfuttrigen Pferde leben gerne in Gruppenhaltung im Offenstall. Sie sind so hart im Nehmen, dass man sie selbst in den Bergen ganzjährig im Freien hält. Traditionell leben sie auf weitläufigen Hochalmen – und dort betätigen sie sich als Landschaftspfleger. Sie halten das Gras niedrig und sorgen dafür, dass diese Flächen nicht zum Wald werden, sondern dass der Landschaftscharakter wie schon seit Jahrhunderten erhalten bleibt.

AUF EINEN BLICK

Kategorie Leichtes Kaltblut

Zuchtgebiet Schweiz

Größe 150 bis 160 cm

Farben Vorwiegend „bunte" Braune und Füchse (also mit vielen weißen Abzeichen)

Exterieur Edler Kopf, ein kräftiger Hals, manchmal mit Speckkamm, kräftige, gelegentlich etwas steile Schulter, sehr stabiles Fundament

Interieur Gelassen, intelligent, menschenbezogen

Eignung Vielseitiges Freizeitpferd zum Reiten und Fahren

Friese

Friesenfans schwärmen von ihren „schwarzen Perlen" und auf der Liste der beliebtesten Pferderassen stehen sie immer weit oben. Denken Sie über die Anschaffung eines Friesen nach, ist es gut, sich vorab gründlich zu informieren.

Friesen sind ausgesprochen geschichtsträchtige Pferde. Im Mittelalter zog jeder Ritter, der etwas auf sich hielt, auf einem Friesen in den Kampf. Im Barock glänzten die schwarzen Holländer als Fahrpferde. Eine Kutsche mit vier Friesen bespannt, die im Trab mit hoher Knieaktion unterwegs sind – sehr viel repräsentativer geht es wohl nicht.
Im 19. Jahrhundert setzte man dann auf Tempo und züchtete die Friesen um, sie wurden leichter, schneller und zu Rennen eingesetzt. Als Rennbahn dienten die geklinkerten Hauptstraßen, die Distanz betrug 325 Meter – Sprinter waren gefragt. Als schließlich Kutschen mit zwei großen Rädern in Mode kamen, passten die Friesen auch hier

Typisch: die lange Nase

Friesen haben ein sensibles Gemüt und brauchen viel Zuwendung.

hervorragend als elegante Fahrpferde. Allerdings entfernten sich die für Rennen gezüchteten Pferde immer weiter von der Ausgangsrasse, die gleichzeitig auf den Bauernhöfen für den Arbeitseinsatz gezüchtet wurden. Schließlich trennte man die beiden Zweige der Zucht: Die schnellen, leichteren Pferde wurden als Traber weitergezüchtet, die schwereren blieben Friesen.

Doch durch die zunehmende Motorisierung Anfang des 20. Jahrhunderts starben die Friesen praktisch aus. Es gab nur noch drei Hengste, die aber alle aus derselben Hengstlinie stammten, und nicht mehr als ein Dutzend reingezogener Stuten. Mit denen musste die Zucht neu aufgebaut werden. Diese Grundlage ist für eine Rasse sehr schmal. Durch eine strenge Hengstauswahl versuchte der Zuchtverband, genetischen Problemen entgegenzusteuern.

Für wen eignet sich ein Friese?

Bitte verstehen Sie mich richtig: Ich mag Friesen. Ich habe meine erste Piaffe auf dem großartigen Friesen Jaro erlebt, der vom Barockreiter Richard Hinrichs ausgebildet worden war und wirklich als „Tänzer an leichter Hand" brillierte. Aber bei all' meiner Zuneigung zu Friesen: Bevor Sie sich für einen Friesen entscheiden, lohnt es sich, über ein paar Punkte nachzudenken.

AUF EINEN BLICK

Kategorie Warmblut

Zuchtgebiet Niederlande

Größe 155 bis 175 cm

Farben Rappen. Füchse kommen vor, sind aber unerwünscht und werden aus der Zucht ausgeschlossen.

Exterieur Kompaktes, kräftiges Barockpferd mit hübschem Kopf, hoch aufgesetztem Hals, manchmal etwas steiler Schulter und ausgeprägter Rippenwölbung. Auffallend ist das üppige Langhaar, das außer Mähne und Schweif auch Behang an den Beinen umfasst. Die Hinterhand soll gut gewinkelt sein.

Interieur Lernwillig, geduldig, gutmütig

Eignung Barockdressur, Kutsch- und Freizeitpferde

Wer Spaß an Barockdressur hat, liegt mit einem Friesen vielleicht richtig.

Hoch aufgesetzter Hals, viel Knieaktion. Unter dem Reiter muss der Friese lernen, auch vorwärts-abwärts zu gehen.

Wie gut reiten Sie? Typisch für Friesen ist der sehr hoch aufgesetzte Hals, der ihm die Aufrichtung als Endziel der Dressurausbildung erleichtert. Aber er macht es dem Pferd schwer, vorwärts-abwärts zu gehen. Ein Friese muss sehr korrekt ausgebildet und geritten werden, damit aus dem Schwanenhals keine Gesundheitsprobleme resultieren. Wenn er nämlich gegen die Hand geht, ist er nicht nur in Gefahr, einen Unterhals zu entwickeln, sondern auch ein Kissing-Spine-Syndrom. Das ist sehr schmerzhaft und führt schließlich dazu, dass das Pferd nicht mehr geritten werden kann.

Mögen Sie es gerne flott? Im Herbst im vollen Galopp über die Stoppelfelder, auf dem Waldweg richtig Gas geben? Dann kaufen Sie sich bitte keinen Friesen! Galopp ist nicht die Stärke der reingezogenen Schwarzen. Dafür traben sie gerne und haben meist einen guten Schritt. Mein Tipp für Friesenfans, die es gerne ein wenig schneller und temperamentvoller mögen: Suchen Sie nach einem Arabo-Friesen!

Sind Sie gut zu Fuß? Wer gut zu Fuß ist, ist mit einem Friesen eindeutig im Vorteil. Die edlen Rappen haben manchmal ein bisschen Probleme mit der Balance – und die kann man am besten an der Hand und an der Longe trainieren. Mindestens zweimal pro Woche „sattelfrei" sollten Sie mit einem Friesen einplanen.

Wie viel Zeit haben Sie für Ihr Pferd? Für einen Friesen sollten Sie ein bisschen mehr Zeit einplanen als für ein anderes Pferd. Die Rappen sind pflegebedürftig, und das nicht nur, weil man im glänzenden Schwarz jeden Fleck sieht, sondern auch, weil der Behang sehr sorgfältig gepflegt werden muss, um Mauke zu vermeiden. Ebenso will die lange Mähne eingeflochten werden – jedes Mal, bevor Sie reiten. Sonst haben Sie nämlich ständig ein Mähnenhaar-Zügel-Gewurstel.

Wie viel Geld möchten Sie ausgeben? Für einen Friesen müssen Sie auch tief in die Tasche greifen. Dazu kommt, dass die Pferde spätreif sind und in der Ausbildung ein wenig anspruchsvoller als andere, woraus sich ein weiterer Kostenfaktor ergibt.

Schließlich und endlich sollten Sie bei der Anschaffung eines Friesens auf jeden Fall eine große Ankaufsuntersuchung einplanen. Damit will ich nicht behaupten, dass Friesen anfälliger als andere Rassen sind. Aber weil sie so begehrt sind, gleichzeitig aber meist in recht kleinen Gestüten gezüchtet werden, ist man bei der Anschaffung eines Friesens oft auf Händler und Privatverkäufer angewiesen. Nun sind zwar die meisten Pferdehändler besser als ihr Ruf, aber für jemanden, der nicht ständig mit Pferdean- und -verkauf zu tun hat, ist es fast unmöglich, zwischen einem seriösen und unseriösen Händler zu unterscheiden. Eine gründliche Ankaufsuntersuchung kann Sie vor Ärger bewahren – und dass Sie dazu Ihren Tierarzt beauftragen oder sich von dem einen empfehlen lassen, muss wohl nicht extra erwähnt werden.

Für einen Friesen müssen Sie meist etwas mehr Geld ausgeben.

Die üppige Mähne ist wunderschön, will aber gepflegt werden.

Eigentlich sind Haflinger Füchse, aber manche sind so hell, dass sie als Palominos gelten könnten.

Haflinger

Wenn Sie einen Nicht-Pferdemenschen nach Pferderassen fragen, werden Sie sehr oft „Haflinger" zu hören bekommen. Die blonden Tiroler sind eine der bekanntesten und beliebtesten Rassen überhaupt – zu Recht.

Entstanden ist der Haflinger in Südtirol im kleinen Ort Hafling, dem er seinen Namen zu verdanken hat. Die Bergbauern brauchten trittsichere, genügsame Arbeitspferde, die sowohl einen Pflug wie auch eine Kutsche ziehen, einen Stamm aus dem Bergwald schleppen und schwere Lasten auf die Hochalm tragen konnten. Die geeigneten Pferde waren für die Bewirtschaftung der kargen Gebirgsregionen so wichtig, dass das Ministerium für Ackerbau für Hengste sorgte, und so kam der Araber El Bedavi XXII nach Tirol und zeugte mit einer einheimischen Stute den blonden Fuchshengst 249 Folie. Der beziehungsweise seine

Viele Wander- und Freizeitreiter finden im Haflinger das ideale Pferd.

Nachkommen wiederum fielen den ministerialen Angestellten so auf, dass sie alle guten Nachkommen von ihm aufkauften und die Zucht mit diesen Pferden sogar subventionierten.
Das Ergebnis war, dass um 1935 herum alle Beschäler in der Haflingerzucht auf zwei Folie-Söhne zurückgingen. In Tirol gab es eine sehr breite Stutenbasis, und so führte die Beschränkung auf eine Hengstlinie nicht zur gefürchteten Inzuchtdepression, sondern zu einer Festigung der Erbmasse. Der haben die Haflinger zu verdanken, dass sie heute alle Füchse mit hellem Langhaar sind und als Rasse sehr einheitlich erscheinen.
In den Nachkriegsjahren brach die Zucht total ein. Den Haflingern half es auch nicht viel, dass Mitte der 1960er die Reiterei wieder Aufwind bekam: Die robusten Blonden waren vielen Reitern zu klein, zu stämmig und zu rund. Also musste man umzüchten – und der erste Anlauf gelang nicht. Die Haflinger-Züchter wollten ihre Pferde im Schnelldurchgang veredeln und setzten dazu Araber-Hengste ein. Der Gedanke war an und für sich nicht schlecht. In der ersten Generation kam nämlich genau das heraus, was der Markt wollte: Elegante Reitponys mit ausgesprochen hübschen Köpfchen, die zudem auch im

Rasseporträt — Haflinger

Gang meist verbessert waren. Sie hatten alle guten Eigenschaften der Elterntiere: die Freundlichkeit und Menschenbezogenheit der Araber, ihr sagenhaftes Stehvermögen, ihre Härte, ihre Eleganz, kombiniert mit der Trittsicherheit, der Leichtfuttrigkeit und der Robustheit der Haflinger. Doch mit der zweiten Generation kamen die Probleme – die Erbanlagen „streuten", das ist häufig bei dieser Art der Hybridzüchtung zwischen zwei sehr unterschiedlichen Rassen. Im konkreten Fall bedeutete das zum Beispiel Füchse mit Haflingerkopf und der typischen Haflinger-Moppeligkeit auf Araber-Beinen. Und oft genug ergab sich aus der Kombination Haflinger-Dickkopf und Araber-Temperament eine nicht wirklich angenehme Mischung.

Inzwischen hat sich die Haflinger-Zucht wieder gefangen. Man hat die Araber wieder herausgezüchtet und setzt stattdessen auf den zwar langwierigen, aber der Rasse dienlicheren Weg der Veredelung durch Selektion innerhalb des eigenen Bestandes. Anstatt darauf zu hoffen, dass Fohlen von einem Nicht-Haflinger-Vater den nötigen Adel bekommen, sucht man sich jetzt rassereine Elterntiere aus, die sowohl den Adel wie auch die Geschmeidigkeit und die Gänge haben, die man am modernen, sportlichen Haflinger sehen möchte. Man hofft dann darauf, dass sie diese Eigenschaften an ihren Nachwuchs weitergeben und sie sich so innerhalb der Rasse festigen.

Der moderne Haflinger ist vielseitig, leistungsfähig und genügsam, ein echter Naturbursche eben.

Haflinger zählen zu den bekanntesten Pferderassen.

Für wen eignet sich ein Haflinger?

Er hieß „Napoleon", wurde „Poldi" gerufen, war ein reichlich runder Haflinger und trug mich durch den Wilden Kaiser. Als wir uns kennenlernten, fand ich seinen Namen noch ziemlich schräg. Nachdem wir einen Tag miteinander unterwegs gewesen waren, wusste ich, dass der blonde Tiroler und der korsische Feldherr nicht nur Körpergröße und Figur gemeinsam hatten, sondern auch die Energie, das Stehvermögen und den Durchsetzungswillen. Poldi trabte mit der Regelmäßigkeit einer Nähmaschine durchs Tal, kletterte unermüdlich die Berge hinauf und ließ sich dabei von nichts irritieren – noch nicht einmal von mir. Der Hafi schien sich der Tatsache, dass er praktisch qua Geburt Heimrecht in der Gegend hatte, bewusst zu sein.

Ob ein Haflinger zu Ihnen passt? Überlegen Sie sich: Mögen Sie vierbeinige Naturburschen? Ein robustes, manchmal eigenwilliges und im Zweifelsfall sogar stures Pferd, das aber Nerven wie Drahtseile hat, mit Ihnen durch dick und dünn geht und den Tierarzt nur zum Impfen sehen will? Einen, der so ziemlich alles frisst, bei dem man allerdings aufpassen muss, dass er nicht zu rund wird?

Haflinger sind keine Pferde, die mit eleganten Tritten übers Dressurviereck tanzen wollen. Aber wenn Sie einen wollen, der auch bei schlechtem Wetter gerne ins Gelände geht und Sie zuverlässig und unaufgeregt trägt, sind Sie mit einem Haflinger gut bedient.

AUF EINEN BLICK

Kategorie Pony

Zuchtgebiet Österreich, Italien, Deutschland

Größe 138 bis 155 cm

Farben Füchse in allen Varianten, vom Fast-Palomino bis hin zum Kohlfuchs. Das Langhaar ist immer hell.

Exterieur Kompaktes Kleinpferd mit hübschem Ponykopf, die ursprünglichen Typen oft ein bisschen rundlich und mit gespaltener Kruppe, stabiles Fundament

Interieur Intelligent, fleißig, dem Menschen zugewandt, auch im Wesen eher robust, manchmal ein wenig eigenwillig

Eignung Englisch und Western, Freizeitsport und -fahren

Islandpferde gibt es in allen nur denkbaren Farben und sogar mit fünf Gängen.

Islandpferd

Island ist die Insel aus Eis und Feuer. Und hier, zwischen Extremen, ist eine ganz besondere Pferderasse herangewachsen: die Islandpferde. Sie sind kompakt, robust, haben viel Ausstrahlung und im besten Fall sogar fünf Gangarten.

In den 1960er-Jahren kamen die ersten Islandpferde auf den Kontinent. Sie lösten einen regelrechten Boom aus. Mit den Exporten von der Insel der Wikinger entstand eine alternative Reitkultur, die nicht nur das Reiten an und für sich, sondern auch die Haltung umfasste. Über Jahrhunderte wurden Reitpferde in vornehmen Ställen gehalten, standen dort angebunden in Einzelhaft. Dann aber fuhren die Fans der Isländer gen Norden und sahen, dass die Pferde dort ganzjährig auf riesigen Weiden lebten, dass sie selbst im Winter kein Dach über dem Kopf brauchten und gar nicht wussten, was Kraftfutter eigentlich ist. Um sie zu reiten, musste man sich nicht in Reithallen von ehemaligen Kavallerie-Unteroffizieren anbrüllen lassen und man musste sich auch nicht für teures Geld bei einem Maßschneider ein Reitkostüm bestellen. Doch beim Besuch im Norden lernten die Reiter auch ganz schnell, dass es nicht „einfach so" ging. Isländer sind zwar aufgrund ihres relativ kurzen Rückens und dem kompakten Fundament meist besser ausbalanciert als große Warmblüter, aber auch sie wollen ordentlich ausgebildet und geritten werden, wenn sie unter dem Sattel gesund alt werden sollen. Und noch etwas entdeckten die Freizeitreiter: Es gibt mehr Gänge als Schritt, Trab und Galopp!

Unter den Isländern waren schon immer die Fünfgänger, also die, die außer den drei klassischen Gangarten auch noch Pass und Tölt beherrschen, besonders begehrt.

Die meisten Reitlehrer erbleichen, wenn sie sehen, dass ein Pferd bei langsamem Tempo seine Beine nicht in der Fußfolge links vorne, rechts hinten, rechts vorne, links hinten einsetzt, sondern lateral – also links vorne, links hinten, rechts vorne und rechts hinten. Das ist Pass – und den will niemand, bei keiner Pferderasse (auch nicht beim Isländer!) sehen. Er ist ein Zeichen dafür, dass das Pferd aus der Balance ist.

Der Isländer ist ein kompaktes Pony mit stabilem Fundament.

AUF EINEN BLICK

Kategorie Pony

Zuchtgebiet Island, heute auch Deutschland, Österreich, Schweiz

Größe 135 bis 145 cm

Farben Alle Farben, auch Schecken und Falben

Exterieur Kompaktes, stämmiges Kleinpferd mit hübschem Kopf und stabilem Fundament

Interieur Sozial, gescheit, fleißig und lernfreudig

Eignung Freizeitreiten, Wanderreiten, Gangpferde, hier auch rege Turnierszene

Rasseporträt — Islandpferd

Das wuschelige Langhaar und der „Gamsbart" gehören zu den unverkennbaren Merkmalen der Islandpferde.

Was aber erwünscht ist, ist der Rennpass, bei dem die Pferde eine Spitzengeschwindigkeit von bis zu 45 km/h erreichen können. Der Rennpass hat im Vergleich zum Galopp oder schnellen Trab den großen Vorteil, dass er weitgehend erschütterungsfrei und damit für den Reiter sehr bequem ist. Darum war schneller Pass auch im Mittelalter sehr gefragt: Er war die zusätzliche Gangart der Pferde, die man „Zelter" nannte und die damals als Damenpferde eingesetzt wurden. Auch der Tölt hat den großen Vorteil, dass er für den Reiter sehr bequem ist. Er kann ganz entspannt sitzen. Das schätzten die isländischen Bauern, denn auf der harten Insel ist der Weg zum Nachbarn mitunter weit. Grundsätzlich hat der Tölt dieselbe Fussfolge wie der Schritt, allerdings wechseln sich bei ihm Ein- und Zweibeinstütze ab, woraus sich ein Viertakt in acht Phasen ergibt.

Für wen eignet sich ein Islandpferd?

Sie glauben, dass ein Islandpferd das ideale Pferd für Sie wäre und würden sich nur zu gerne eines anschaffen? Dann sollten wir uns jetzt einmal hinsetzen, tief Luft holen und einen Moment nachdenken. Isländer haben einen Nachteil: Sie sind sehr dünnhäutig und viele von ihnen vertragen die Sommertemperaturen in unseren Breitengraden schlecht. Dazu kommen sie mit dem oft sehr eiweißreichen Futter nicht zurecht und reagieren allergisch auf bei uns heimische Kriebelmücken. Sie entwickeln das sogenannte „Sommerekzem", bei dem sich im Bereich des Rückens und der Seiten Bläschen bilden, die dann zusammenfließen und zu großflächigen, nässenden Stellen mit Krustenbildung und starkem Juckreiz werden.

Es gab Zeiten, in denen über die Hälfte aller exportierten Islandpferde vom Sommerekzem betroffen war. Inzwischen achtet man sehr darauf, möglichst ekzemfreie Linien zu züchten. Wer ganz sicher sein will, dass sein künftiger Freizeitkamerad kein Sommerekzem entwickelt, sollte eventuell einen Schritt zur Seite machen – und sich einen Ägidienberger anschauen. Für diese Rasse kreuzte Walter Feldmann Islandpferde und südamerikanische Gangpferde.

Islandpferde eignen sich für ambitionierte Reiter, denn es gibt eine aktive Turnierszene mit vielen unterschiedlichen Gangpferdeprüfungen. Aber auch für Freizeitreiter, die den bequemen Tölt schätzen, ist das Islandpferd eine gute Option. Es gibt viele Veranstaltungen, auf denen sich Islandpferdefreunde treffen, auch zu organisierten Tages- oder Wanderritten mit anschließendem gemütlichen Beisammensein. Geselligkeit wird in dieser Szene großgeschrieben.

Obwohl Islandpferde von der Größe her zu den Ponys gehören, sind sie keine Kinder-Kuschelpferde. Die vierbeinigen Wikinger haben viel Temperament, kombiniert mit einiger Nervenstärke. Ihre verschiedenen Gangarten sind nicht immer einfach zu sortieren, weswegen es ratsam ist, als Neu-Einsteiger Gangpferdeunterricht zu nehmen.

Im Tölt sitzt der Reiter nahezu erschütterungsfrei und daher sehr bequem auf dem Isländer.

Die auffallende Tigerscheckfärbung macht den Knabstrupper aus.

Knabstrupper

Die Knabstrupper sind eine bedrohte Haustierrasse. Falls Sie sich in diese Pferde verlieben, bekommen Sie nicht nur eine ganz große Vergangenheit, sondern auch eine besonders extravagante Gegenwart.

Tigerschecken waren schon immer etwas Ausgefallenes. Und wenn sie dann noch in so verschiedenen Formen vorkommen wie die Knabstrupper, ist ihnen Aufmerksamkeit garantiert. Hier kennt der Experte Schabrackentiger, Schneeflockentiger oder Volltiger. Früher hat das dem dänischen Hofgestüt Frederiksborg gute Umsätze garantiert, denn im Barock galten die dort gezüchteten Knabstrupper als die „Pferde der Könige". Leider kamen die Knabstrupper zu Napoleons Zeiten aus der Mode. Man brauchte keine Einzelkämpfer mehr, die sich mit extravaganten Sprüngen – von der Kapriole über die Levade zur Ballotade – im Kampfgetümmel freimachen konnten. Kavalleriepferde mussten unauffällig sein – und dem entsprachen die Knabstrupper ja nun wirklich nicht.

Auf Gut Knabstrup wurde die alte Rasse dennoch weitergezüchtet. Doch dann schlug 1891 der Blitz in Knabstrup ein, das Gestüt brannte aus und 22 wertvolle Zuchtpferde gingen verloren. Danach sah es für eine längere Zeit sehr schlecht aus für die Tigerschecken. Man musste fremde Hengste zur Blutauffrischung einsetzen und die Zucht ging in zwei Richtungen: Die einen wollten aus dem Knabstrupper ein modernes Sportpferd machen – wenn auch mit Tigerscheckung. Die anderen setzten auf den barocken Typ. Dementsprechend wurde eingekreuzt: Die Sportpferdefans verwendeten dazu Warm- und Vollblüter, die Barockfreunde Lusitanos und PREs. Inzwischen wird wieder bevorzugt der barocke Typ gezüchtet, wobei man sich darauf geeinigt hat, dass nur die Pferde als "Original-Knabstrupper" gelten, die mindestens drei Generationen Knabstrupper als Vorfahren aufweisen können.

Für wen eignet sich ein Knabstrupper?

Knabstrupper müssen leider immer noch als eine vom Aussterben bedrohte Haustierrasse gesehen werden. Daher sind sie nicht ganz leicht zu bekommen und man muss darauf gefasst sein, dass man für einen Original-Knabstrupper den großen Geldbeutel bereithalten muss. Dafür hat man dann aber auch ein ganz besonderes Pferd – und die Aussage bezieht sich nicht nur auf die Farbe. Knabstrupper gelten als besonders intelligent und als dem Menschen sehr zugewandt. Sie schließen sich gerne und sehr ausschließlich an. Aus diesem Grund sind sie allerdings auch eher "Ein-Mann-" als Familienpferde. Übrigens: Mit der Tigerscheckung ist es so eine Sache. Es kann vorkommen, dass man zwei Tigerschecken kreuzt und der Nachkomme keine Punkte im weißen Fell hat, sondern ein Schimmel ist.

Es gibt Knabstrupper im Sportpferdetyp und im barocken Typ.

AUF EINEN BLICK

Kategorie Warmblut

Zuchtgebiet Dänemark

Größe 150 bis 160 cm

Farben Tigerschecken, Schimmel

Exterieur Lange, gerade, manchmal leichte Ramsnase, oft etwas steile Schultern, langer Rücken

Interieur Sehr gelehrig und gescheit, sensibel

Eignung Barockreiten, Freizeitreiten

Lipizzaner

Sie gehören zu Wien wie die Kaffeehäuser und die schöne Donau, sie verkörpern Tradition und stehen für große Geschichte. Und sie sind tolle Pferde, mit denen Freizeitreiter viel Spaß haben können.

Manchmal schiele ich auf die Verkaufsseite des österreichischen Bundesgestütes Piber und überlege, ob in meinem hektischen Leben nicht vielleicht doch Platz für einen kaiserlichen Schimmel wäre. Ich hatte schon immer ein Faible für die silbernen Herren mit dem Doppelnamen – und das, obwohl ich nie große Dressurambitionen hatte, sondern mir kaum etwas Schöneres vorstellen kann, als einen Ausritt durch einen Herbstwald. Und dazu ein Lipizzaner – handlich, aber mit seinem stabilen Fundament dennoch als Gewichtsträger geeignet; kompakt, aber mit großer Bewegung; gescheit und nervenstark, aber mit Temperament und Schmackes; eine echte Persönlichkeit auf vier Hufen. Wäre das auch etwas für Sie?

AUF EINEN BLICK

Kategorie Warmblut

Zuchtgebiet Österreich, Ungarn, Slowenien

Größe 153 bis 158 cm

Farben In Österreich vorwiegend Schimmel, in Ungarn und Slowenien auch Braune und Rappen

Exterieur Kompaktes Pferd mit stabilem Fundament, relativ kurzem Rücken, hoch aufgesetztem Hals und geradem oder Ramskopf

Interieur Menschenbezogen, intelligent, lernwillig, sensibel, manchmal ein wenig eigenwillig und durchaus temperamentvoll

Eignung Barockreiten, Freizeitreiten und -fahren

Lipizzaner verkörpern die klassische, barocke Schönheit.

Der kompakte Körperbau und die gute Winkelung der Hinterhand prädestinieren den Lipizzaner für die Dressur.

Die Lipizzaner verkörpern europäische Kulturgeschichte. Sie sind eine der ältesten Kulturrassen und das Gestüt Lipica im slowenischen Karst ist eines der ältesten in Europa. Es wurde bereits 1580 als Hofgestüt gegründet. Damals kreuzte man Hengste aus Andalusien mit den einheimischen Stuten. Anfang des 19. Jahrhunderts wurden die Stutbücher geschlossen.

Im heutigen österreichischen Bundesgestüt Piber trifft man nicht nur tolle Pferde, sondern auch einige schöne Traditionen. Eine davon betrifft die Namensgebung der österreichischen Lipizzaner. Bei den Stuten ist es relativ einfach: Sie bekommen einen Namen, dessen erster Buchstabe sich an der jeweiligen Stutenlinie orientiert, aus der sie stammen. Dabei sind in Piber noch 14 von ursprünglich 23 Stutenlinien aktiv.

Die Hengste bekommen traditionell einen Doppelnamen. Dabei steht der Name der Hengstlinie, aus der das Pferd stammt, vorne, gefolgt vom Namen der Mutter. Dadurch entstehen Kombinationen wie zum Beispiel „Siglavy Dagmar" oder „Favory Servola". In Piber sind sechs Hengstlinien zu Hause, die jeweils auf einen Gründervater der Zucht zurückgehen: Der erste war der Schimmel Pluto, der 1765 aus dem dänischen Gestüt Frederiksborg kam. Nummer zwei und drei waren Neapolitaner: Conversano, 1767 geboren, und der 1790 geborene

Rasseporträt — Lipizzaner

Das Profil der barocken Edelpferde ist häufig leicht geramst.

Neapolitano. Kurz darauf kam der Falbe Favory, geboren 1767 in Kladrub, dazu. Ihm folgten der Schimmel Maestoso und als letzter der 1870 geborene Araber Siglavy.

Lipizzaner werden aber nicht nur in Piber gezüchtet, sondern auch in Ungarn und Slowenien – und die beiden Länder haben zwei Hengstlinien mehr zu bieten. In Ungarn sind die Incitatos zu Hause, die noch sehr oft braun wie ihr Vorvater sind, und in Slowenien gibt es sogar Rappen – die gehen auf den Hengst Tulipan zurück.

Für wen eignet sich ein Lipizzaner?

Der Barockpferde-Boom hält seit einigen Jahren an. Ich kann's verstehen. Die Barocken haben die große Dressur praktisch eingebaut, ihnen fällt aufgrund ihres Körperbaus die Aufrichtung leicht und sie haben kein Problem, dabei die Hinterhand zur Lastaufnahme unter den Körper zu schieben. Zum Dressurtalent und zur Geschmeidigkeit bringen die Barockpferde auch hohe Intelligenz, Lerneifer und Menschenbezogenheit mit.

Wer ein gutes, aber nicht zu teures Barockpferd sucht, wird vielleicht bei den Lipizzanern fündig – vorausgesetzt, Sie mögen Schimmel. Dabei ist Schimmelputzen gar nicht so mühsam, wie manche Leute es sich vorstellen.

Einer der vielen Vorteile der Lipizzaner ist, dass man recht einfach an gute Pferde kommt. Wer Lust hat, kann die Suche auch mit einem netten Urlaub verbinden – zum Beispiel im Gestüt Lipica. Dort ist man auf Feriengäste eingestellt, bietet Reitkurse auf Lipizzanern und man kann sich dabei die Verkaufspferde und ihre Verwandtschaft ausführlich anschauen. Nicht weniger hübsch und ebenfalls mit genug Unterbringungsmöglichkeiten in der Gegend ist das österreichische Bundesgestüt Piber. Da sollten Sie aber stabile Wanderschuhe mitnehmen! Der Nachwuchs in Piber lebt nämlich auf weitläufigen Hochalmen. Ihn dort zu besuchen, ist wirklich ein Erlebnis. Diese Aufzucht ist ein nicht zu kleiner Teil dessen, was die Lipizzaner aus Piber so speziell macht: In der Herde auf der Alm trainieren sie nicht nur ihre Muskeln, Sehnen und Gelenke, sondern auch ihr Sozialverhalten. Sie füllen ihre Lungen mit gesunder Gebirgsluft und die Bäuche mit würzigen Almkräutern. Drei wundervolle Sommer auf der Alm und drei Winter in den großzügigen Laufställen sind den jungen Lipizzanern in Piber vergönnt, bevor der Ernst des Lebens für sie beginnt.

Bei den Hengsten steht zuallererst ein Auswahlverfahren an. Sie werden der Kommission vorgestellt, die den Nachwuchs für die Spanische Hofreitschule aussucht. Diese Prüfung entscheidet übrigens nicht nur über den künftigen Wohnort der Jungpferde und ihre Ausbildung, sondern auch darüber, wer eines Tages als Pascha eine Beschälerbox in Piber beziehen darf. Die Zeit in der Spanischen Hofreitschule ist nämlich die Leistungsprüfung der Lipizzaner-Hengste.

Die Stuten werden in Piber üblicherweise nicht nur eingeritten, sondern auch eingefahren, bevor sie entweder in die Zuchtstutenherde oder in eine Verkaufsbox eingestellt werden.

Lipizzaner sind sehr gescheit, lernen gerne und schnell, aber sie wollen herausgefordert und beschäftigt werden. Langeweile bekommt ihnen nicht. Außerdem sollten sie für einen Lipizzaner eine lange Ausbildungszeit einplanen – nicht, weil er so langsam begreifen würde, sondern weil er ausgesprochen spätreif ist. Ein Lipizzaner gilt frühestens mit fünf Jahren als ausgewachsen. Gibt man ihm aber am Anfang die Zeit, seinen Job als Reitpferd reell zu erlernen und langsam die entsprechenden Muskeln aufzubauen, können Sie davon ausgehen, dass Ihr vierbeiniger Partner auch noch in hohem Alter fit und munter ist. Entscheiden Sie sich also für einen kaiserlichen Schimmel, sollten Sie genügend Zeit für ihn haben. Er wird es Ihnen danken, denn Lipizzaner schließen sich eng an ihre Menschen an.

Die meisten Lipizzaner sind weiß, es gibt aber auch Linien mit dunklen Pferden.

Lusitanos gibt es in allen Farben, besonders begehrt und teuer sind Goldfalben.

Lusitano

Die portugiesischen Lusitanos, über Jahrhunderte beim Stierkampf auf Mut, Intelligenz und Wendigkeit selektiert, sind auf jeden Fall etwas ganz Besonderes, aber nicht ganz günstig zu haben.

AUF EINEN BLICK

Kategorie Warmblut

Zuchtgebiet Portugal

Größe 150 bis 160 cm

Farben Alle Farben, keine Schecken

Exterieur Mittelgroßes Barockpferd mit geradem, manchmal auch ramsnasigen Kopf, schön aufgesetztem Schwanenhals, kurzem Rücken und melonenförmiger Kruppe

Interieur Kooperativ, lernwillig, hochintelligent, gelassen, aber durchaus mit Temperament

Eignung Barockreiten, Freizeitreiten unter dem Englisch- und dem Westernsattel, Reining

Die Lusitanos kann man wohl als die „Naturburschen" unter den Barockpferden bezeichnen. Während andere Barockrassen, wie zum Beispiel die Kladruber oder Lipizzaner, in Hofgestüten gezüchtet und vorwiegend zur Repräsentation eingesetzt wurden, wuchsen die Lusitanos auf den kargen Weiden an der Algarve auf und mussten sich ihr Futter mit harter Arbeit verdienen. Sie hüteten unter dem Reiter die schwarzen Kampfstiere und präsentierten sich in der Arena beim Stierkampf. Dabei unterscheidet sich der portugiesische Stierkampf in zwei elementaren Punkten vom spanischen: In Portugal darf der Stier nicht getötet werden und die Stierkämpfer zu Pferd sind nicht nur „Beigabe". Nun kann man von Stierkampf halten was man will, aber man kann nicht abstreiten, dass er Pferde in Sachen Wendigkeit, Mut und Geschick ausbildet.

Sagte ich vorher, dass die Lusitanos die Naturburschen unter den Barocken sind? Das gilt nicht für alle. Innerhalb der Rasse gibt es nämlich noch eine Unterabteilung, in der wahre Luxusgeschöpfe zu Hause sind: die Altér Real. So dürfen sich die Lusitanos nennen, die im ehemaligen königlichen Gestüt Altér do Chão in der Region Alentejo geboren wurden.

Altér Real sind sehr selten und kosten dementsprechend. Es kann nicht schaden, einen Millionär als Vater zu haben oder den Haupttreffer im Lotto zu landen, bevor man zur Anschaffung eines solchen portugiesischen Edelknaben schreitet.

Für wen eignet sich ein Lusitano?

Fällt Ihnen zum Lusitano vorwiegend klassische Dressur ein? Das ist ganz sicher eines der Felder, in denen die portugiesischen Schönheiten brillieren. Aber sie können noch mehr! In Portugal werden sie auch gefahren und über Distanzen geritten, aber ihre zweite „Spezialbegabung" neben der Dressur haben sie ihrer Verbindung zum Stierkampf zu verdanken: Die meisten Lusitanos haben das, was die Westernreiter „Cow Sense" nennen, dieses Gefühl für das Rind und seine Bewegungen, das ein Hütepferd zum kongenialen Partner seines Reiters macht. Die Lusitanos haben das beim Stierkampf eingeübt. Von da haben sie aber auch ihre außerordentliche Wendigkeit und ihr Konzentrationsvermögen. Nicht unbedingt eine angeborene Stärke vieler Lusitanos ist der Trab. Der fällt oft eher kurz und trippelig aus. Das macht Kennern der Rasse aber kein Kopfzerbrechen. Trab ist der Gang, der sich durch gute Ausbildung verbessern kann.

Bei den Lusitanos werden vorwiegend Hengste verkauft. In der iberischen Reiterei sind nämlich meistens Männer im Sattel – und ein stolzer Spanier beziehungsweise Portugiese reitet einen Hengst. Dementsprechend wird aber bei den Lusitanos wie auch den PREs seit Jahrhunderten auf Verträglichkeit und Gelassenheit selektiert. Da es bei uns nur sehr, sehr wenige Ställe gibt, die auf artgerechte Hengsthaltung eingerichtet sind (und darunter sind fast keine Pensionsställe), ist es meist besser, die Hengste zu kastrieren, ehe sie in Einzelhaft leben müssen. Auch erfordert der Umgang mit einem Hengst und seine Ausbildung und Erziehung große Erfahrung.

Bei einem ausgewachsenen Pferd macht es optisch keinen Unterschied, ob er Hengst oder Wallach ist. Den bei Iberern begehrten „dicken Hals" bekommt das Pferd nämlich nicht durch Hormone, sondern durch Training, Muskelaufbau und das Selbstbewusstsein, mit dem es auftritt. Bei Letzterem kann es ihm sogar helfen, wenn er Wallach wird. Dann darf er sich mit anderen Pferden amüsieren, kann in der Gruppe gehalten werden und sich in eine Hierarchie einfügen. Und Sie haben auf jeden Fall ein glücklicheres Pferd.

Ein Stierkampfpferd muss wach sein und sensibel für die Reiterhilfen.

Lusitanos entwickeln oft eine enge Beziehung zu „ihrem" Menschen.

Noriker

Die größte Stärke der Noriker ist ihre Gelassenheit. Die auf Almen aufgewachsenen Österreicher lassen sich nicht so schnell aus der Ruhe bringen und sind Freizeitkumpels für die ganze Familie.

Die Noriker gehören zu den leichten Kaltblütern. Sie waren früher schon die wirklichen Alleskönner: Unter der Woche arbeiteten sie auf dem Feld, am Wochenende wurden sie von den Burschen geritten – teilweise wurden auf Norikern sogar Rennen ausgetragen! – und am Sonntag zogen sie die Kutsche in die Kirche. Leider werden heute mehr Noriker gezüchtet, als der Markt für Reit- und Fahrpferde aufnehmen kann, viele werden daher als Schlachtpferde verkauft.

Für wen eignet sich ein Noriker?

Die Noriker haben durchaus Potenzial, sich im Reitpferdemarkt ihren Platz zu schaffen. Sie haben ein gefälliges Erscheinungsbild, das Freunde findet, denn innerhalb der Population gibt es Scheck-Gene. Noriker treten sowohl als Platten- wie auch als Tigerschecken auf, wobei Tigerschecken mit schöner Zeichnung inzwischen wieder sehr begehrt und

Noriker sind nervenstark.

Durch seine freundliche, gutmütige Art ist der Noriker angenehm im Umgang.

Mittlere Größe und nicht zu schwer: Der Noriker ist ein vielseitiges Kaltblut. *Ein „Mohrenkopf" ist begehrt.*

daher auch gut bezahlt sind. Außerdem haben Noriker eine ganz besondere Farbvariante zu bieten: die Mohrenköpfe. So nennt man Rappen, bei denen der Körper durch weiße Stichelhaare aufgehellt wird. Die Zeichnung ist sehr interessant und dementsprechend gesucht. Beim Kauf eines Norikers sollte man allerdings genau hinschauen. Die Kombination von hoch aufgesetztem Hals bei relativ kurzem Rücken und steiler Schulter führt dazu, dass die Pferde sehr gezielt gymnastiziert und vorwärts-abwärts geritten werden müssen. Zudem sind Noriker relativ spätreif. Man sollte also nicht unbedingt einen Dreijährigen unter den Sattel nehmen und richtig arbeiten lassen. Ein Sommer mehr auf der Koppel tut ihm gut und führt zu längerer Gesundheit. Selbst bunte Noriker sind im Vergleich zu anderen Farbzuchten recht preiswert zu bekommen – daher sollte man es sich auch leisten können, dem Noriker in der Ausbildung Zeit zu lassen.

Mein Spezialtipp: Kaufen Sie einen Absetzer. Nehmen Sie mit dem Zuchtverband Verbindung auf, gehen Sie zu einem Fohlenmarkt (aber bitte nicht aus Mitleid kaufen) und suchen Sie sich Ihren künftigen Freizeitkameraden aus. Sie müssen dazu nicht einmal den großen Geldbeutel einstecken – wer gut handelt, kommt manchmal sogar dreistellig davon. Achten Sie auf das Exterieur oder nehmen Sie jemanden mit, der das gut beurteilen kann. Das, was Sie beim Kauf einsparen, können Sie dann in die Aufzucht investieren – und auch da wird Ihnen der Zuchtverband sicher gern weiterhelfen. Damit hat Ihr Kleiner die Chance, noch einmal zwei Sommer auf Bergweiden verbringen zu dürfen. Die Alternative dazu wäre ein professioneller Aufzuchtbetrieb in Ihrer Nähe – wobei es sich da empfiehlt, sich schon vor dem Kauf umzusehen und einen Platz zu reservieren. Dann haben Sie sogar die Möglichkeit, Ihren Pferdenachwuchs regelmäßig zu besuchen und eine Beziehung zu ihm aufzubauen.

AUF EINEN BLICK

Kategorie Kaltblut

Zuchtgebiet Österreich

Größe 155 bis 170 cm

Farben Alle Farben inklusive Schecken und Mohrenköpfe

Exterieur Kompakt, auf stabilem Fundament, oftmals mit leichtem Ramskopf, manchmal steile Schulter, nicht immer optimale Sattellage

Interieur Freundlich, gelassen, fleißig

Eignung Freizeitreiten und -fahren, Englisch und Western

Wer auffallende Pferde liebt, hat Freude an einem Paint Horse.

Paint Horse

Mögen Sie es bunt und unkompliziert? Dann sind Sie mit einem Paint vielleicht richtig bedient. Paint steht nämlich für „Quarter Horse mit Sonderlackierung".

AUF EINEN BLICK

Kategorie Warmblut

Zuchtgebiet USA

Größe 148 bis 160 cm

Farben Schecken in allen Varianten

Exterieur Edler, keilförmiger Kopf, tief angesetzter Hals, kompakter Rücken mit auffallend muskulöser Kruppe, korrektes, manchmal etwas feines Fundament

Interieur Gelassen, klug, lernwillig und fleißig

Eignung Westernpferd mit Cow Sense, Freizeitreiten

Schecken sind unverwechselbar. Jeder hat ein ganz individuelles Muster, das nicht noch einmal genau so auftreten wird. Eingetragene Pferde, also mit Papieren, finden Sie in zwei verschiedenen Farbmustern:
Tobiano Ein Tobiano ist ein Plattenschecke, bei dem die weiße Zeichnung die Rückenlinie kreuzt. Der Kopf ist meist dunkel.
Overo Was man nicht eindeutig als Tobiano einordnen kann, ist ein Overo. Die Frage ist nur: was für einer? Beim Frame Overo geht das Weiß vom Bauch oder von der Seite aus und kreuzt meist nicht die Rückenlinie. Die Flecken wirken wie eingerahmt – daher der Name. Die Zeichnung ist häufig unruhig, das Gesicht oft weiß. Häufig sind Sabinos, dunkle Pferde mit weißen Stichelhaaren an Flanken, Bauch oder Schweifansatz. Sabinos können aber auch fast weiß mit ein paar dunklen Flecken oder stichelhaarig sein. Selten und begehrt sind die Splashed White. Die sehen aus, als ob sie in eine Wanne mit weißer Farbe getreten wären. Beine und manchmal auch Bauch und Kopf sind weiß. Schließlich und endlich gibt es noch „Troveros", das sind Pferde, die Merkmale für Tobiano und Overo aufweisen und darum nicht so genau zu bestimmen sind.

Für wen eignet sich ein Paint Horse?

Klar: Wer auffallende Pferde mag, wirft mit Sicherheit ein Auge auf ein Paint Horse. Es hat alle Merkmale des Quarter Horse, nur eben „in bunt". Hin und wieder kommt es bei den Paint-Züchtern auch vor, dass ein einfarbiges Fohlen fällt. Das ist aber kein Beinbruch – die einfarbigen können zwar nicht als Paints eingetragen werden, bekommen aber volle Papiere von der Quarter Horse Association. Man darf auch weiter mit ihnen züchten – und mit einem Tobiano als Partner hat man eine gute Chance, dass wieder ein buntes Fohlen geboren wird. Leider können bei den Paints wie bei den nah verwandten Quarter Horses hin und wieder Erbkrankheiten auftreten. Zum Glück kann man die zugrunde liegenden Genmutationen durch einen DNA-Test feststellen.

Paint Horses sind wendige, intelligente und gelassene Pferde, die vielseitig begabt sind. Ob Westerndisziplinen – Paints haben natürlich Cow Sense – oder Wanderreiten, ein Paint macht alles mit. Und auch wenn die Schecken üblicherweise keine Riesen sind – sie stehen auf einem so stabilen Fundament, dass sie mühelos Erwachsene tragen können.

Hier haben wir einen Overo mit blauen Augen. Typisch sind der weiße Kopf und der braune Rücken.

Palominos können in allen Rassen vorkommen. Kennzeichnend ist die Fellfarbe.

Palomino

Eigentlich sind Palominos gar keine eigenständige Rasse, sondern eine Farbvariante, die in verschiedenen Rassen vorkommt. Das ändert aber nichts daran, dass die goldfarbenen Pferde schick und sehr begehrt sind.

AUF EINEN BLICK

Kategorie Warmblut oder Pony

Zuchtgebiet USA, Deutschland

Größe 120 bis 170 cm

Farben Goldfalben mit heller Mähne

Exterieur Je nach Ausgangsrasse

Interieur Abhängig von der Ausgangsrasse

Eignung Western- oder Gangpferd, Freizeitpferd

Palominos haben etwas ganz Besonderes. Ein Falbe, der im Sonnenlicht in tiefem, sattem Goldton glänzt und bei dem cremefarbenes Langhaar im Wind weht, ist ein atemberaubender Anblick. Allerdings ist die Zucht nicht ganz einfach, die Färbung beruht auf einer Genmutation – und wenn die zu oft aufeinandertrifft, weil man Palomino mit Palomino paart, wirkt sich das nicht nur auf die Farbe, sondern auch auf andere Eigenschaften aus.

Nehmen wir die Palominos als das, was sie sind: Ein Haupttreffer in der Genlotterie – der übrigens in fast jeder Rasse vorkommen kann. In Deutschland können die Palominos in ein eigenes Stammbuch eingetragen werden. Das definiert: „Die Rasse Palomino ist geprägt durch ... goldfarbenes Deckhaar mit silbrig-weißem Behang. Die Größe erstreckt sich von ca. 120 bis über 170 Zentimeter Widerristhöhe.

Der Palomino ist ein Pony bzw. Pferd mit ausgesprochen vielseitiger Eignung für Fahr- und Reitsport."

Die Liste der Ausgangsrassen, deren goldfarbene Vertreter als Palominos eingetragen werden können, ist dann auch drei Seiten lang. Sie führt vom Achal-Tekkiner über den Comtois und Dülmener (wobei von denen nur die Hengste zugelassen sind) bis zum Zweibrücker. In Amerika funktioniert es ähnlich: Es gibt eine Palomino-Vereinigung, die goldfarbene Pferde aus verschiedenen anderen Rassen – angefangen von den Quarter Horses bis zu den amerikanischen Gangpferde-Rassen – aufnimmt.

Für wen eignet sich ein Palomino?

Es ist aufgrund der genannten Tatsachen schwer, eine Rassebeschreibung und eine Empfehlung abzugeben. Der Vorteil ist allerdings: Wenn Sie sich ein goldenes Pferd in den Kopf gesetzt haben und bereit sind, ordentlich dafür zu investieren, haben Sie die Wahl. Das Spektrum beginnt beim Vollblüter – wobei Palominos unter den Englischen Vollblütern nicht vorkommen, weil da das Creme-Gen schon lange herausgezüchtet wurde. Sehr, sehr selten ist es bei den Arabern, aber dafür kommt es bei den Achal-Tekkinern recht oft vor. Auch unter den europäischen Warmblütern und Barockpferden gibt es Palominos – unter den Lusitanos sogar eine sehr renommierte Stierkampf-Linie, die Falben und damit auch hin und wieder Palominos liefert. Schließlich findet man auch Westernpferde und Ponys mit Palomino-Farbe. Und wem das noch nicht reicht, der kann sich auf die Suche nach einem Kinsky-Pferd begeben. Die sind zwar an und für sich sehr selten, aber innerhalb der Population treten Palominos öfter auf.

Der Goldglanz im Fell des Palomino entwickelt sich erst mit der Zeit.

Paso Fino

Dem Paso Fino sieht man die enge Verwandtschaft zu den iberischen Pferden an. Doch er hat ihnen eines voraus: Er ist ein Viergänger und geht außer Schritt, Trab und Galopp auch noch Tölt.

Man sollte der Versuchung widerstehen, Paso Peruano und Paso Fino in einen Topf werfen zu wollen. Gemeinsam ist ihnen nur, dass sie aus Südamerika kommen, von spanischen Pferden abstammen und dass der Tölt genetisch verankert ist.

Die Paso Finos werden in zwei Typen aufgeteilt: Die Trochadores und die Trote y Galope. Dabei sind die Trochadores die kompakteren, die vorwiegend für Langstrecken gezüchtet wurden, während die Trote y Galope meist etwas größer und athletischer sind – bei ihnen geht es um Tempo.

„Paso Fino" bedeutet eigentlich „feiner Gang" – und feine Gänge sollen alle Pferde dieser Rasse, egal zu welchem Typ sie gehören, auszeichnen. Dabei steht der Trocha, der „Trabtölt", wie ihn die Paso Fino Association Europe bezeichnet, für Bequemlichkeit auf langen Strecken. Beim Trocha wechseln sich Ein- und Zweibeinstütze ab, es gibt keine Schwebephase und obgleich Schwung und Vorwärts gefragt ist, möchte man nicht zu viel Knie- und Kruppenaktion sehen. Wichtig ist natürlich in erster Linie Effizienz, gleichzeitig war aber auch Eleganz überaus erwünscht.

„Trote y Galope" bedeutet „Trab und Galopp" – das haben Sie sicher erraten. Die Fino-Züchter legen Wert auf diese beiden Gangarten, die nach klassischen Vorbildern geritten werden. Mehr noch: Beim Trote achtet man sehr auf Versammlung. Ein richtig guter Trote sieht fast schon aus wie die Passage. Er sollte eine Kadenz haben, die Pferde sollten dabei die Hinterhand tief unter den Körper schieben und damit Gewicht aufnehmen, Aufrichtung ist gefragt. Das Tempo ist dabei aber höher als bei der klassischen Passage.

Galope wird ebenfalls versammelt geritten, wobei dabei nicht die letzte Aufrichtung und Hankenbeugung der klassischen Dressur gefragt ist. Der Galope soll nämlich „geländetauglich" bleiben – und sowohl in Kolumbien wie auch in Puerto Rico und der Dominikanischen Republik haben die Pferde oft mit schwierigem Gelände zu tun. Aber gerade darum ist die Versammlung wichtig. Sie ist ja nicht ohne Balance zu haben – und Balance und Trittsicherheit sind Eigenschaften, die beim Paso Fino mindestens so erwünscht sind wie das Charaktermerkmal Brio, die Mischung aus Temperament und Sanftmut.

Paso Finos sind kompakte und muskulöse Pferde.

Leistungsbereit, temperamentvoll und willig – diese Eigenschaften werden beim Paso Fino als „Brio" bezeichnet.

Für wen eignet sich ein Paso Fino?

Den Paso Finos sieht man deutlich an, dass sie von spanischen Pferden abstammen. Sie haben oft die typischen Ramsnasen, der hoch aufgesetzte Schwanenhals gilt bei ihnen als Markenzeichen und die melonenförmige, muskulöse Kruppe brauchen sie, um weite Strecken durchhalten zu können. Unter den Paso Finos gibt es immer wieder Falben in allen Varianten, teilweise sogar mit Aalstrich, Platten- und – allerdings sehr selten – Tigerschecken. Wer also Lust auf einen Schecken hat, der zudem noch einen „Extragang" bieten kann – hier sind Sie richtig. Sie sind übrigens auch richtig, wenn Sie einen Gewichtsträger suchen. Obwohl die Paso Finos meist recht dünne Beine haben – sie können dennoch einen schwereren Erwachsenen tragen. Untersuchungen haben ergeben, dass bei den Paso Finos die Knochendichte der Beine meist deutlich höher liegt als bei anderen Pferden.

Sollten Sie Ihren Paso Fino in landestypischer Ausrüstung reiten wollen: Dem Sattel sieht man die spanische Herkunft ebenso an wie den Pferden. Sie werden zur Ausbildung meist gebisslos mit Bosal geritten. Erst wenn das Pferd mit dieser Zäumung perfekt in Balance ist und genug Muskeln angesetzt hat, um sich aufrichten zu können, wird ein Gebiss – in den meisten Fällen die Kandare – eingesetzt. Die blanke Stange soll aber keineswegs ein „Bremskraftverstärker" sein, sondern die Hilfen verfeinern. Und sie soll auch nicht immer eingesetzt werden, sondern nur zu besonderen Gelegenheiten.

Bleibt dann zum guten Schluss die Frage: Wie kommt man zu einem Paso Fino? Ihre erste Anlaufstelle ist der Verband, der sich PFAE nennt – Paso Fino Association Europe e. V. Der PFAE bietet auf seiner auch die Möglichkeit, einen Paso Fino in Ihrer Nähe Probe zu reiten.

AUF EINEN BLICK

Kategorie Warmblut

Zuchtgebiet Dominikanische Republik, Kolumbien und Puerto Rico

Größe 136 bis 156 cm

Farben Alle Farben inklusive Schecken

Exterieur Edler, manchmal leicht geramster Kopf, hoch aufgesetzter Schwanenhals, kurzer Rücken, stabiles Fundament

Interieur Gutwillig, gelassen, lern- und arbeitswillig

Eignung Freizeitpferd

Im Aussehen erinnert der elegante Paso Peruano an seine iberischen Vorfahren.

Paso Peruano

Peru ist ein sehr fruchtbares, aber auch sehr gebirgiges Land. Die Landbesitzer dort hatten weite Strecken zu reiten – und dafür züchteten sie Pferde, die einen vierten, besonders bequemen Gang hatten.

AUF EINEN BLICK

Kategorie Warmblut

Zuchtgebiet Peru

Größe 140 bis 152 cm

Farben Alle Farben

Exterieur Elegante, komptakte Pferde mit hoch aufgesetzten Hälsen, relativ kurzem Rücken und melonenförmiger Kruppe

Interieur Liebenswürdig, charmant, gescheit und ausdauernd

Eignung Vier- bzw. Fünfgänger, Freizeitpferde, sehr geeignet für Wanderritte

Es war ein Spätsommertag auf der Schwäbischen Alb und das Haupt- und Landgestüt Marbach hatte zur Sonderkörung eingeladen. Auf dieser werden üblicherweise jedes Jahr die „Exoten" unter den Hengsten einer Zuchtkommission vorgestellt, die darüber entscheidet, ob die Herren innerhalb ihrer jeweiligen Rasse decken dürfen. Er fiel mir sofort auf: Ein mittelgroßer Hengst mit ausgesprochen hübschem Gesicht, hellwachen Augen und Mausöhrchen, die neugierig spielten. Er war südamerikanisch gezäumt und stand mit seinem Reiter, der ebenfalls südamerikanische Tracht trug, unten auf dem Gestütshof. Obwohl er von Hengsten umgeben war und die Jungs in den Ställen recht lautstark ihr Heimrecht anmeldeten, betrug er sich musterhaft. Er war neugierig, blieb aber ganz gelassen. Als ich ihn ansprach, drehte er den Kopf und schaute mich interessiert an.

Dann musste er los und im ersten Moment dachte ich: „Uiii – was ist das denn?" Den Viertakt, mit dem er da locker, aber durchaus mit Schwung unterwegs war, erkannte ich als eine Art Tölt. Der junge

Hengst gehörte der Rasse Paso Peruano an. Der rassetypische „Termino" ist eine rollende Auswärtsbewegung der Schulter, die wie eine zusätzliche Federung wirkt. Und auch wenn es für uns sehr befremdlich wirkt – ein Tierarzt bestätigte mir, dass der Termino keine Gesundheitsschäden verursacht.

Bei uns werden Paso Peruanos als „Fünfgänger" bezeichnet. Neben Schritt, Trab und Galopp beherrschen sie auch noch den Paso Llano und den Sobreandando. Der Paso Llano entspricht ungefähr dem Tölt der Isländer – ein klarer Viertakt, der für den Reiter sehr bequem zu sitzen ist. Und beim Sobreandando handelt es sich um Rennpass. Die Pferde müssen diese Gangarten nicht erst erlernen, sondern zeigen sie schon als Fohlen auf der Koppel. Nur Trab sieht man dort sehr selten – und das ist gut so, denn Trab gilt bei den Paso Peruano-Züchtern als „unerwünschte" Gangart. Auch auf Galopp sind sie nicht sonderlich erpicht. Die Pferde können ihn zwar gehen, aber er wird zum Beispiel bei Zuchtvorstellungen und Wettbewerben nicht gezeigt. Darum stört es auch nicht, dass einige Paso Peruanos keinen sauberen Galopp gehen.

Für wen eignet sich ein Paso Peruano?

Das oberste Gebot der Paso Peruano-Zucht sind bequeme und effiziente Gänge, denn die Pferde sollen ermüdungsfrei weite Strecken bergauf und bergab zurücklegen. Ergo wünscht man sich, dass die Pferde lange Schritte mit großem Raumgriff machen und dabei wenig Aktion zeigen. Dass die Pferde sich trotzdem versammelt und mit Schub von hinten bewegen können, ist ihrem hoch aufgesetzten Hals und der starken Winkelung der Hinterbeine zu verdanken. Wer also gerne im Gelände unterwegs ist und lange Ausritte liebt, wird Freude an einem Paso Peruano haben.

Die südamerikanische Reitweise unterscheidet sich allerdings erheblich von der englischen und von der Westernreiterei. So werden Paso Peruanos zum Beispiel selten mit Gebiss geritten, sondern meist mit Bosal. Es kann daher nicht schaden, wenn Sie sich vor Ihrem Umstieg auf den Paso Peruano einmal mit der peruanischen Reiterei beschäftigen. Dabei helfen Ihnen die hiesigen Verbände ebenso wie bei der Suche nach dem richtigen Pferd.

Die Pferde sind aufmerksam, temperamentvoll und lernen gerne, gleichzeitig sind sie gelassen und menschenbezogen. Allerdings sollten Sie sich darauf einstellen, dass Sie für einen Paso Peruano ein Stück zu fahren haben und dass Sie wohl mehr als ein Wochenende aufwenden müssen, um zu Ihrem neuen Pferd zu kommen. Die meisten europäischen Züchter sind kleine Betriebe, die hobbymäßig arbeiten – und bei denen gilt „Platz vor Preis", sprich: Es geht dann nicht nur darum, dass Sie sich für ein Pferd entscheiden, sondern auch, dass der Züchter mit Ihnen einverstanden ist und Ihnen eines seiner Pferde überlässt.

Zuchtziel beim Paso Peruano sind raumgreifende Gänge, die aber bequem zu sitzen sind. Die Viertaktgangarten Paso Llano und Sobreandando sind genetisch fixiert.

Percheron

Mit einem Percheron bekommen Sie jede Menge Pferd fürs Geld. Die französischen Kaltblüter gehören zu den „gewichtigsten" Persönlichkeiten im Stall und sie haben Nerven aus Stahl.

Percherons werden schon seit vielen hundert Jahren in Frankreich gezüchtet. Im Mittelalter konnten sie einen Ritter in voller Rüstung ins Gefecht tragen. Dafür, dass sie an die 1.000 Kilogramm auf die Waage bringen, sind sie edel und bewegungsfreudig. Tatsächlich wurden bei den Percherons im Lauf der Geschichte immer wieder Araber eingekreuzt. Doch war man vorsichtig, und darum äußert sich der arabische Einfluss nur in den recht edlen Köpfen, dem teilweise feinen Fell und dem Temperament der Percherons. Sie sind bewegungsfreudiger und manchmal auch explosiver als andere Kaltblüter.

In früheren Zeiten mussten sich Percheron-Züchter keine Sorgen um den Absatz ihrer Pferde machen. Abgesehen davon, dass sie als Arbeitspferde in der Landwirtschaft gefragt waren – mit einem Percheron vor dem Pflug konnte man auch schwere Böden bewirtschaften –, waren sie bei der Post erste Wahl. Dabei spielte natürlich ihre Zugkraft die wichtigste Rolle. Und da können Percherons wirklich protzen. Man ging davon aus, dass Percherons selbst in hügeligem Gelände das Doppelte ihres Eigengewichts ziehen können. Die großen Überlandkutschen waren meist mit vier Pferden bespannt, was also 4.000 Kilo Pferd und damit rund 8.000 Kilo Zuggewicht ausmachte.

Für wen eignet sich ein Percheron?

Leider werden in der Land- und Fortwirtschaft nur noch sehr wenige Pferde gebraucht. Für die Percherons bedeutet das, dass sie heute vorwiegend als Schlachtpferde gezüchtet werden. Man kann sie in Frankreich für relativ wenig Geld kaufen – und die Auswahl ist groß genug, dass man dabei die mit den Reitpferde-Points herauspicken kann. Achten Sie bitte auf Hals und Schulter. Der Hals sollte nicht zu hoch aufgesetzt sein, die Schulter gut schräg gelagert. Daraus ergibt sich meist eine ordentliche Sattellage mit einem deutlich ausgeprägten Widerrist. Der Rücken sollte nicht zu lang sein und darf nicht durchhängen. Man sollte sich auch in einem nicht täuschen: Nur weil die Kaltblüter selbst einiges Gewicht auf die Waage bringen, sind sie noch

Percherons sind Kaltblüter mit einigem Temperament und viel Power.

AUF EINEN BLICK

Kategorie Kaltblut

Zuchtgebiet Frankreich

Größe 160 bis 170 cm

Farben Schimmel und Rappen

Exterieur Durchaus edler Kopf über einem kräftigen Hals und einem eher kurzen Rücken mit gespaltener Kaltblutkruppe, relativ lange Beine

Interieur Gelassen, gutmütig, aber mitunter auch mit einigem Temperament

Eignung Freizeitfahren und -reiten

nicht unbedingt ideale Gewichtsträger. Ob ein Pferd auf die Dauer ohne Schäden einen schweren Reiter tragen kann, ist nämlich nicht von seiner Größe und dem Eigengewicht abhängig, sondern von der Stabilität seines Fundaments und der Bemuskelung des Rückens. Wer also einen Percheron braucht, der schwer tragen kann, sollte schon beim Pferdekauf auf das entsprechende Exterieur achten.

Auch bei der Ausbildung erfordert ein Percheron ein individuelles Vorgehen. Denken Sie bitte daran, dass er – trotz seines Temperaments und des edlen Kopfes – ein Kaltblüter, also ein Schrittpferd, ist. Trab und vor allem Galopp fallen ihm schwerer als einem Warmblüter, daher müssen Sie vor allem am Anfang erst einmal Muskeln und Kondition aufbauen. Und das macht man im Schritt, wobei sich lange Spaziergänge an der Hand empfehlen. An der Longe trainiert man das Vorwärts-Abwärts, denn bei Pferden, die auf Zugleistung gezüchtet wurden, ist oft der Rücken nicht besonders stark und muss daher aufgebaut werden.

Ob ein Pferd ein Gewichtsträger ist, hängt nicht von seiner Körpergröße, sondern vom Exterieur ab.

Bei den reingezogenen Spaniern kommen Eleganz, Geschmeidigkeit und hohe Intelligenz zusammen.

Pura Raza Española

Früher wurden sie „Andalusier" genannt, doch da sie mittlerweile in ganz Spanien gezüchtet werden, ist der korrekte Rassename nun „PRE". Das steht für „Pura Raza Española" und bedeutet „Reingezogene spanische Pferderasse".

Angeblich gehören bei den PREs Piaffe und Passage zur „Standardausstattung", die sie von Fohlenbeinen an beherrschen. Was die spanischen Pferde auf jeden Fall mitbringen, sind die körperlichen Voraussetzungen für die klassische Dressur. Der hoch aufgesetzte Hals macht die Aufrichtung einfacher, die schräge Schulter ermöglicht die Schulterfreiheit, die den Pferden erlaubt, mit der Vorhand weit auszugreifen. Das geht natürlich nur, wenn sie mit den Hinterbeinen vermehrt Last aufnehmen können. Davor steht aber eine Übung, die für PREs nicht ganz einfach ist und ihre Ausbilder fordert: Vor allem anderen müssen PREs lernen, vorwärts-abwärts zu gehen und ihren Rücken damit zum Tragen zu bringen. Sonst sind sie nämlich in der Gefahr, einen Unterhals und vor allem Rückenprobleme zu bekommen.

Die PREs sind eine alte Rasse, die sich über die Jahrhunderte immer wieder angepasst hat. Die Pferde müssen früher recht stabil gewesen sein, denn im Mittelalter waren die spanischen Pferde in ganz Europa begehrt, weil sie kräftig genug waren, einen Ritter mit Rüstung zu tragen. Gleichzeitig zeigten sie schon damals Talent für die Hohe Schule – und je mehr die von den Zähnen bis zu den Zehen in Eisen gepackten Ritter wieder abrüsteten, um beweglicher zu werden, desto wichtiger wurde es, dass ihre Pferde die sich nun entwickelnde Kampftaktik unterstützten. Dies setzte bei Ross und Reiter viel Körperbeherrschung voraus. Beide mussten erst einmal durch die komplette Dressurausbildung, wie sie heute beim Grand Prix de Dressage abgefragt wird. Dann ging es weiter mit dem, was man die „Schulen über der Erde" nennt. Das sind Dressurübungen wie zum Beispiel die Levade – das Pferd setzt sich tief auf die Hinterhand und richtet sich auf. Im Kampf konnte die Levade dazu dienen, sich von vorne angreifende Fußsoldaten vom Leib zu halten, denn die liefen Gefahr, von den ausschlagenden Vorderhufen getroffen zu werden. Für den Laien sieht eine Levade aus, als ob das Pferd steigen würde, aber für Pferdeleute ist der Unterschied deutlich: Beim Steigen erheben sich die Pferde meist mit gestreckter Hinterhand – und stehen demgemäß unsicher. Bei der Levade ist die Aufwärtsbewegung kontrolliert und wird auf der tief gesetzten Hinterhand balanciert. Die Levade ist auch die Vorbereitung für die Schulsprünge wie zum Beispiel die Kapriole.

Andalusier sind temperamentvoll, gleichzeitig aber sanftmütig und sehr menschenbezogen.

Das Ursprungsland der PREs ist Spanien, sie werden aber inzwischen in vielen Ländern nachgezüchtet.

Für wen eignet sich ein PRE?

Für einen guten PRE muss man gutes Geld ausgeben – und das sollte ein Grund sein, vor der Anschaffung gründlich darüber nachzudenken, ob es wirklich die passende Rasse für Sie ist. Die erste Frage dabei ist natürlich: Was wollen Sie reiten?

Wenn Sie zu den Freizeitreitern gehören, die am liebsten gemütlich ausreiten, kann es, muss es vielleicht kein PRE sein – außer, Ihr Herz hängt am schönen Erscheinungsbild der Spanier. Haben Sie Ambitionen in der Vielseitigkeit, würde ich Ihnen auch nicht zu einem PRE raten. Sie schlagen sich zwar im Gelände nicht schlecht, aber sie können in Sachen Tempo und Sprungvermögen nicht mit Blütern konkurrieren. Ihr bevorzugtes Betätigungsfeld ist die Dressur, denn da werden sie nicht nur körperlich, sondern auch mental gefordert. Die Einschränkung „Barockdressur" braucht es inzwischen nicht mehr. Die PREs sind mittlerweile auch in der Sportdressur erfolgreich – zum einen,

PREs sind besonders talentiert für die Dressur, aber auch im Gelände trittsicher unterwegs.

Spanisches Zaumzeug, spanischer Sattel, spanisches Outfit: Reiterin und Pferd sind in traditioneller Ausrüstung schön anzusehen.

weil man ihnen den Trippeltrab weggezüchtet hat, und zum anderen, weil die Richter inzwischen verstärkt das Können und nicht mehr nur die Veranlagung der Pferde bewerten. Können oder möchten Sie Ihr Pferd nicht selbst ausbilden, empfehle ich Ihnen, einen guten Ausbilder zu suchen, der die Dressurtalente Ihres PREs (und vielleicht auch Ihre) fördert. Das ist nicht billig, dafür können Sie sich an Piaffe und Passage erfreuen.

1912 wurde der Zuchtverband für das reinrassige spanische Pferd gegründet – und der nimmt's genau. Die Papiere als Pura Raza Española bekommen nur Pferde, deren Abstammung über Generationen lückenlos nachzuweisen ist und die dem strengen Rassenstandard genügen. Die, bei denen es nicht hinhaut, landen dann oft genug bei cleveren Händlern, die sie mit neuen Papieren ausstatten. Diese Papiere zeichnen sie dann als „Andalusier" aus. Schauen Sie also genau hin, wenn Sie einen Andalusier kaufen möchten.

PREs werden inzwischen in vielen Ländern nachgezüchtet, außerdem gibt es Händler, die sich darauf spezialisiert haben, PREs aus Spanien zu importieren. In Deutschland einzukaufen, hat ein paar Vorteile: Man bekommt leicht einen Tierarzt, der eine reguläre Ankaufsuntersuchung durchführt und der Verkäufer muss sich an deutsches Recht halten.

Ganz wichtig in diesem Zusammenhang: Die Wahrscheinlichkeit, dass Sie bei den PREs ein Schnäppchen machen, ist ungefähr so groß wie die auf einen Sechser im Lotto. Wenn Sie nicht wirklich investieren können – und man muss sich bewusst sein, dass ein guter PRE schon roh locker einen fünfstelligen Betrag kostet! – sollten Sie sich besser nicht auf diese Rasse kaprizieren. Es gibt andere Barockpferderassen, wie zum Beispiel die Lipizzaner, die deutlich preiswerter sind.

AUF EINEN BLICK

Kategorie Warmblut

Zuchtgebiet Spanien

Größe 155 bis 162 cm

Farben Alle Farben, viele Schimmel, keine Schecken

Exterieur Barockpferde mit edlem, teilweise leicht geramstem Kopf, hoch aufgesetztem und geschwungenem Hals. Der Rücken ist eher kurz, der Schweif tief angesetzt, das Fundament korrekt.

Interieur Intelligent, menschenbezogen, bewegungsfreudig, mit guten Nerven, aber einigem Temperament

Eignung Barockpferde, Freizeitreiten und -fahren

Quarter Horse

Quarter Horses sind die größte Rasse der Welt, die Rekordhalter über die Quarter Mile, die Spezialisten für die Arbeit mit Rindern und charmante Freizeitkameraden für Tausende von Reitern.

Das Quarter Horse ist das Urmodell aller Westernpferde: wendig, geschmeidig, menschenbezogen, intelligent und fleißig. Man sieht ihm an, dass es mit Tempo antreten kann. Aus dem kleinen, keilförmigen Kopf schauen hellwache Augen. Die weiten Ganaschen erleichtern die Anlehnung. Der Hals ist beim Quarter Horse eher tief angesetzt und nicht zu lang. Er ist die „Balancierstange", die das Pferd in schwierigem Gelände und bei schnellen Wendungen und Stopps braucht.

Das Quarter Horse ist ein athletisches Pferd mit muskelbepackter Kruppe, kurzem Rücken und kleinem Kopf.

Der kraftvolle Antritt zeichnet den Kurzstrecken-Sprinter ebenso aus wie rasante Stopps.

Die Brust ist breit, die schräg gelagerte Schulter bietet Platz für reichlich Muskeln. Der größte Unterschied zum europäischen Warmblüter ist der Rücken des Quarter Horses. Würde man einen Rahmen von der Brust bis zur Kruppe eines Pferdes legen, bräuchte man für den Warmblüter ein Langrechteck, während der Quarter mit seinem kurzen Rücken in ein Quadrat passen würde. Das unterschiedliche Format deutet auf die unterschiedlichen Anforderungen hin: Der Warmblüter soll große Gänge mit viel Schwung und schwingendem Rücken zeigen, dabei wird auf die „Bequemlichkeit" des Reiters nicht unbedingt Rücksicht genommen. Die Quarters dagegen sollen zwar ebenfalls fördernde Gänge haben, aber bitte so, dass der Reiter bequem sitzen kann. Im Jog – so heißt beim Quarter Horse der langsame, besonders bequeme Trab – können Pferd und Reiter stundenlang ohne Ermüdung marschieren.

Quarter Horses gibt es in vielen Farben, besonders häufig erkennt man die typische Farbe der spanische Ahnen, denn da schlagen sehr oft die Sorraias durch. Buckskin – ein helles, ins Falbe gehende Braun – gilt als besonders typisch. Allerdings sind 30 % der Quarters sorrel – also Fuchs –, weitere 20 % sind bay (braun), 10 % sind chestnut (Schweißfuchs), der Rest sind Rappen und Schimmel. Es wird auch kombiniert. Dabei kommen dann Buckskin Roans, Smoky Blacks und Bay Pearls heraus – und manchmal habe ich den Verdacht, dass die Menschen, die beim amerikanischen Quarter Horse Verband die Papiere der Pferde inklusive der Beschreibung ausstellen, ein spezielles Studium der möglichen Pferdefarben hinter sich haben.

Rasseporträt — Quarter Horse

Der Kopf ist keilförmig und zierlich. *Falben und Braune sind häufig.*

Dennoch schadet es nicht, wenn man auch als Laie eine grundsätzliche Ahnung hat – zumindest, wenn man ein Quarter Horse kaufen und reiten will. Insgesamt erkennen die amerikanischen und deutschen Zuchtverbände 16 verschiedene Fellfarben an. Das Spektrum reicht vom Rotbraunen mit schwarzem Langhaar, dem „Bay", über den „Brown" – das ist ein Brauner mit hellen Flecken im Gesicht und an den Flanken – zu diversen Falben, zum Beispiel dem Grullo (Mausfalbe), dem Dun und schließlich dem Buckskin – das ist der erdfarbene Falbe mit schwarzen Beinen und schwarzem Langhaar. Auch gibt es diverse Aufhellungen: Cremello, Palomino, Perlino, Pferde mit Stichelhaaren – Red Roan und Blue Roan – sowie die Füchse und die Schimmel.

Für wen eignet sich ein Quarter Horse?

Sie sind von der Gelassenheit und der Geschicklichkeit der Quarter Horses fasziniert, Ihnen ist danach, durchs Gelände zu reiten, Rinder einzufangen oder sich in Original-Westernkleidung auf Ihrem entsprechend herausgebrachten Pferd in Pleasure-Wettbewerbungen zu präsentieren? Das können Sie haben, und es kostet noch nicht einmal ein Vermögen. Inzwischen werden so viele und so gute Quarter Horses in Europa gezüchtet, dass Sie nicht mehr über den großen Teich fliegen müssen, um an einen zu kommen.

Sparen Sie aber bitte nicht bei der Ankaufsuntersuchung, denn auch beim vermeintlich robusten Quarter Horse gilt es, von vornherein gesundheitliche Probleme auszuschließen. Leider ist die Rasse auch von verschiedenen Erbkrankheiten betroffen, die sich unter Umständen aber auch nur auswirken, wenn Sie züchten wollen.

Von Westernpferden wird zwar nicht die höchste Versammlung gefordert, die die Dressurpferde auszeichnet, aber man sollte sich bezüglich

AUF EINEN BLICK

Kategorie Warmblut

Zuchtgebiet USA

Größe 148 bis 155 cm

Farben Alle Farben, Schecken werden als Paint eingetragen.

Exterieur Kompaktes Quadratpferd mit feinem, keilförmigem Kopf, kräftiger Schulter und sehr muskulöser Kruppe

Interieur Intelligent, kooperationsbereit, gelassen, fleißig

Eignung Sportpferd für alle Westerndisziplinen, Freizeitpferd, Wanderreiten

des Westernstil nicht täuschen. Auch unter dem Westernsattel lässt man die Pferde nicht einfach „latschen". Sie werden in Balance geritten und man erwartet von ihnen ebenso, dass sie auf dem Gebiss kauen und jederzeit für ein Signal ihres Reiters empfänglich sind. Nur draufsitzen und losreiten – so einfach Westernreiten aussieht, das sollte nicht sein, auch im Sinne des Pferdes.

Ob Sie Umsteiger aus dem Englisch-Sattel oder Einsteiger sind – ohne qualifizierten Unterricht geht es auch bei der Westernreiterei nicht. Es ist nicht mit „Zupfen Sie am linken Zügel, wenn Sie nach links wollen" getan – ganz im Gegenteil. Gerade weil die Westernreiterei mit Signalen arbeitet, müssen die präzise und auf den Punkt gegeben werden. Dazu kommt, dass die Westernreiter ebenso aus dem Sitz heraus reiten und viel mit Gewichtsverlagerungen arbeiten. Das heißt, Sie müssen ebenso in Balance sitzen wie bei anderen Reitweisen.

Wer ein Quarter Horse besitzt, reitet es meist auch western.

Schwarzwälder Fuchs

Schwarzwälder Füchse sind die Dicken mit Reitpferde-Talent. Sie gehören zum Hübschesten und Temperamentvollsten, was unter dem Etikett „Kaltblut" zu haben ist.

Kraft und Temperament der Schwarzwälder Füchse waren einst bei der Waldarbeit gefragt. In der Gegend rund um St. Märgen ist die Rasse entstanden und dort wird sie bis heute mit viel Stolz gepflegt. Der Stolz der Züchter hat sie dereinst auch gerettet, als die Bürokraten im Landwirtschaftsministerium davon überzeugt waren, die Schwarzwälder Kaltblüter seien zu klein und zu leicht. Den Bergbauern wurde verordnet, schwere Belgier-, Percheron- und Normänner-Hengste einzukreuzen.

Aber die eigenwilligen Schwarzwälder dachten gar nicht daran. Ihnen war wohl bewusst, dass sie auf ihren abgelegenen Höfen sehr schwer zu kontrollieren waren und folglich verwendeten sie weiter die Hengste, die sie für gut hielten – und das waren Schwarzwälder.

Die Bauern damals wussten, dass sie mit der Einzucht von schweren Hengsten die Eigenschaften verlieren würden, die sie an ihren Pferden so schätzten: die Genügsamkeit, mit der die es schafften, auf den kargen Hangwiesen genug Futter zu finden; die Trittsicherheit und Geschicklichkeit, mit der sie in Bergwäldern schwere Baumstämme abschleppten; das Temperament, mit dem sie die Kutsche bergauf, bergab zogen und die Intelligenz und Menschenbezogenheit, die sie bei jeder ihrer vielfältigen Aufgaben zeigten.

Dennoch mussten die Schwarzwälder-Züchter später einiges an Fremdblut annehmen. In den 70er- und 80er-Jahren des vorigen Jahrhunderts wurden die Schwarzwälder Füchse nämlich als „aussterbende Haustierrasse" deklariert. In der Waldwirtschaft wurden keine Pferde mehr gebraucht, immer mehr Bergbauernhöfe im Schwarzwald wurden aufgegeben und in der Reiterei waren auch leichte Kaltblüter nicht mehr besonders gefragt.

Schließlich gab es nur noch so wenig Schwarzwälder Füchse, dass es unvermeidlich war, andere Hengste einzukreuzen. Hier erwarb dann das baden-württembergische Haupt- und Landgestüt Marbach große Verdienste. Marbach hielt immer einige Schwarzwälder-Hengste, die auf den Deckstationen im Schwarzwald bereitgestellt wurden. Als es dann eng wurde, stellte das Haupt- und Landgestüt zwei Noriker-Füchse, einen Freiberger und einen Schlesiger ein, die allerdings alle

Schwarzwälder sind ausgesprochen hübsche Kaltblüter.

Wer behauptet, Kaltblüter seien Schrittpferde? Schwarzwälder beweisen im Galopp das Gegenteil.

sorgfältig danach ausgesucht waren, dass sie zu den Schwarzwäldern passten. Das Experiment ging auf – alle vier Hengste gründeten neue Hengstlinien, sodass es inzwischen wieder sechs Schwarzwälder Hengstlinien und damit die nötige genetische Vielfalt gibt. Ein weiterer Verdienst des Haupt- und Landgestüts Marbach war es, die Schwarzwälder-Hengste ins Bewusstsein der Reiter zu bringen. Die Blondies wurden alljährlich in schwungvollen Schaubildern – Schwarzwälder Füchse vor dem Römerwagen, Schwarzwälder in einer Dressurquadrille mit Reitern in Schwarzwälder Trachten, Schwarzwälder mit Holzfahrzeugen – bei der Hengstparade im Herbst vorgestellt und sie präsentierten sich selbstverständlich auch beim Landwirtschaftlichen Hauptfest im Rahmen des Cannstatter Volksfests in Stuttgart. Und dann tauchten die ersten Schwarzwälder in den süddeutschen Ställen auf und widerlegten das Vorurteil, dass Kaltblüter langweilige Vielfraße sind, die eh nur Schritt gehen können. Die Blonden aus dem Schwarzwald zeigten sich „kregel", wie es in ihrer Heimat heißt – munter, charmant und beim Galopp durchaus fähig, ihren Stallgenossen die Hinterhufe zu zeigen.

Das freundliche Wesen und die guten Reiteigenschaften machen Schwarzwälder zu beliebten Freizeitpferden.

Für wen eignet sich ein Schwarzwälder Fuchs?

„Kaltblüter haben immer die Ruhe weg!", hörte ich einmal von einer Stallgefährtin, die über die Anschaffung eines solchen nachdachte. Ich habe in mich hineingegrinst und gedacht: „Mädel, du hast noch nie mit einem Schwarzwälder Fuchs zu tun gehabt!"
Die Blondies aus dem Schwarzwald sind eindeutig Kaltblüter, sie sind gutwillig, menschenbezogen und anständig, aber sie haben Temperament. Wenn Sie nur wenig Zeit für Ihr Pferd haben und in der entspannt durch den Wald bummeln wollen, sind Sie mit einem Schwarzwälder nicht unbedingt gut bedient. Schwarzwälder Füchse wollen gefordert werden – und sie können richtig abgehen!
Die Schwarzwälder haben gegenüber anderen Kaltblüter nicht nur den Vorteil, kleiner und leichter – sie bewegen sich in der Gewichtsklasse zwischen 500 und 600 Kilogramm – zu sein, sondern sie haben von Haus aus Reitpferde-Eigenschaften. Während andere Schwierigkeiten haben, sich unter einem Reiter zu balancieren, ist das für die kompakten Schwarzwälder mit ihrem relativ kurzen Rücken kein Problem. Balance und Geschicklichkeit haben sie bei der Waldarbeit im Schwarzwald ja auch gebraucht, darauf sind sie seit Jahrhunderten selektiert. Ebenso haben sie trotz ihrer kräftigen Brust meist eine recht ordentliche Sattellage – und dazu sind sie nicht so umfangreich, dass es einen Spezialsattel braucht. Auch in Sachen Halfter und Zäumung kann man für sie „normal" einkaufen.

Ein anderer Vorteil der Schwarzwälder Füchse ist, dass sie bei allem Temperament sehr menschenbezogen und sozial sind. Als Arbeitspferde waren sie einst den ganzen Tag mit ihren Menschen zusammen – und das übrigens oft schon seit frühester Jugend. Stuten wurden schon kurz nach der Geburt eines Fohlens wieder eingesetzt. Ihr Nachwuchs begleitete sie zur Arbeit – und bekam dadurch deutlich mehr „intellektuelle" Anreize als andere Pferde. Bei den Schwarzwäldern hat das über Jahrhunderte dazu geführt, dass sie intelligente Pferde sind, die schnell lernen.

Das hat allerdings auch einen Nachteil. Ein Schwarzwälder, der sich langweilt, verwendet seine Intelligenz eventuell auch gegen seine Menschen. So kannte ich einen, der sich als Ausbrecherkönig betätigte und damit sogar den normalerweise in der Disziplin hochbegabten Ponys eine Harke zeigte. Er entkam über und unter Koppelzäune hindurch, er öffnete Tore und nahm die ganze Herde zum Picknick in einen benachbarten Acker mit – und ich möchte gar nicht wissen, was sein Ausflug auf die Autobahn, der mit einer Vollsperrung einherging, seine genervte Besitzerin gekostet hat.

Daher muss gelten: Wenn Sie weder Zeit noch Lust haben, sich intensiv mit Ihrem Pferd zu beschäftigen oder es mit anderen Familienmitgliedern oder Freunden zu teilen, sollten Sie sich nicht unbedingt einen Schwarzwälder anschaffen. Er will nicht nur ausreichend, sondern auch abwechslungsreich beschäftigt werden. Dafür bietet er dann aber auch das volle Programm: Von der Dressur über die Handarbeit zu Zirkustricks, vom Trailparcours bis zum Fahren, vom Wanderreiten bis zum Waldeinsatz (dafür gibt es Kurse) – mit einem Schwarzwälder Fuchs können Sie eine Menge erleben.

AUF EINEN BLICK

Kategorie Kaltblut

Zuchtgebiet Deutschland

Größe 148 bis 160 cm

Farben Füchse mit hellerem Langhaar

Exterieur Recht edler Kopf, langer, gut aufgesetzter Hals, nicht zu langer Rücken, kompaktes Fundament

Interieur Intelligent, menschenbezogen, mit einigem Temperament

Eignung Freizeitreiten und -fahren

Schwarzwälder sind kleiner und leichter als andere Kaltblüter.

Shetland-Pony

Sie sind die Kleinsten, aber gleichzeitig die Stärksten – jedenfalls in der Relation zu ihrem Gewicht. Die hübschen Shetland-Ponys machen nicht nur vor der Kutsche eine gute Figur.

Shetland-Ponys sind schlau und brauchen Beschäftigung.

Sie haben schwere Zeiten hinter sich, die Kleinen von den sturmumtosten Shetland-Inseln vor der schottischen Küste. Im 18. und 19. Jahrhundert wurden sie vorwiegend im Bergbau eingesetzt. Die einen schleppten 60 Kilogramm schwere Körbe mit Kohle von den Minen in den Bergen zu den Häfen an der Küste, die anderen zogen Loren durch die unterirdischen Gänge. Dafür wurden sie von den Bergleuten sehr geliebt, und wenn eines der Ponys pensioniert wurde, fanden sich im Kleingarten eines Kumpels ein Schuppen und eine kleine Wiese für den vierbeinigen Rentner. Die Minen im Nordosten Englands sind schon lange geschlossen. Aber die Kleingärten gibt es immer noch und manchmal steht auf der kleinen Wiese davor ein Shetty ...

Ein Shetland-Pony wiegt ungefähr 200 Kilogramm – und kann auf Langstrecken bis zum Doppelten seines Körpergewichts ziehen! In der Grube wurden Loren angehängt, die um die 400 Kilogramm wogen – und die zogen die Kleinen tagaus, tagein durch die unterirdischen Schächte, wobei sie oft einiges an Höhenmetern überwinden mussten.

Es gibt viele Farben, auch Plattenschecken kommen vor.

Shetland-Ponys sind selbstbewusst und wollen ebenso erst genommen werden wie ein großes Pferd.

Für wen eignet sich ein Shetland-Pony?

Für Menschen, die nicht (mehr) reiten können oder wollen, ist Fahren eine Alternative. Aber natürlich auch für jene, die überhaupt gerne fahren. Mit Shetland-Ponys wird das finanzierbar. Eine gebrauchte Kutsche ist für etwa € 1.000 zu haben, ein viersitziger Marathonwagen kostet natürlich mehr. Dann fehlen Ihnen nur noch die Ponys – und ja, ich verwende hier absichtlich den Plural. Meine Fahrerfahrungen beschränken sich zwar auf zwei Kurse und ein paar Mal mitfahren, aber dabei habe ich gelernt, dass zwei Pferde leichter zu fahren sind als eines. „Passer" nennen Fahrer Pferde, die sich ähneln und dadurch ein zueinanderpassendes Gespann ergeben. Ich kenne einen Ponyzüchter, der mit seinem Achterzug aus Shetland-Grauschimmeln unterwegs war. Das Team war eine vielbejubelte Nummer, und das nicht nur, weil das Gespann so schön anzusehen war: Die Ponys fegten im Galopp über den Reitplatz, das Publikum stand vor Begeisterung fast auf den Stühlen.

Shettys und Beifall – die Kombination geht auch in anderen Bereichen auf. Die Ponys sind im Zirkus sehr beliebt, denn sie sind clever, lieben Herausforderungen und genießen es, wenn man sie vor abwechslungsreiche Aufgaben stellt. Shettys lernen leicht und gerne und sie vergessen ihre Tricks so schnell nicht mehr. Haben Sie also Spaß an Shows oder kleinen Auftritten mit dem Pferd, dann könnte ein Shetty gut zu Ihnen passen.

Rasseporträt — Shetland-Pony

Shetty und Kind ist keine schlechte Kombination, wenn fachkundige Erwachsene bei der Ausbildung mithelfen.

AUF EINEN BLICK

Kategorie Pony

Zuchtgebiet Schottland

Größe 90 bis 107 cm

Farben Alle Farben, inklusive Schecken

Exterieur Kleines, kompaktes Pony mit hübschem Kopf, kleinen Ohren, dichtem Langhaar, manchmal etwas steiler Schulter, kurzem Rücken und sehr stabilem Fundament

Interieur Intelligent, fleißig, manchmal eigenwillig. Spätreif, dafür sehr langlebig

Eignung Freizeitpferd für Kinder, Fahrpferd

Die kleinen Ponys haben aber auch durchaus Dressurtalent. An der Hand und an der Doppellonge können sie sämtliche großen Lektionen erlernen – es bedarf nur des entsprechenden Trainings. So werden sie effektiv trainiert und gymnastiziert.

Selbstbewusstsein scheint ebenfalls ein Markenzeichen der Shettys zu sein. Ein Freund von mir, dem seine Kinder einen Shetland-Hengst aufgeschwatzt hatten, behauptete, dass der Junge wahrscheinlich glaube, er sei ein Shire Horse. Jedenfalls führe er sich auf „wie ein Großer", schmachtete jede Stute – angefangen von der eleganten Blüterin seines Besitzers bis hin zur mächtigen Kaltblut-Stute des Nachbar-Bauerns – an, gifte mit den Wallachen und würde sich zu gerne auch mal mit einem Großpferde-Hengst anlegen.

In einem sind die Shetland-Hengste den Großen sowieso voraus: Was die Stimme angeht. Insider grinsen, wenn sie in Filmen den Hengst sonor wiehern hören. Je tiefer er klingt, je mächtiger seine Stimme erscheint, desto höher ist die Wahrscheinlichkeit, dass der Herr, der da ins Mikrofon geröhrt hat, ein Shetty war. Die Kleinen haben ausgesprochen große Stimmen und sind meist auch recht gesprächig.

Auch wenn die pensionierten Grubenponys in Nord-England im Kleingarten ihr Altersheim fanden – Shettys sind definitiv keine Gartenzwerge, die man zur Dekoration auf dem Mini-Wieschen zwischen Rosenbeet und Bohnenplantage halten kann. Sie vertragen Robusthaltung, sie wollen nicht tagaus, tagein in eine Box gesperrt werden und Wände angucken, sie sind Pferde mit den üblichen Bedürfnissen eines Pferdes. Sie können im Kleingarten leben, aber nicht ohne reichlich Auslauf und schon gar nicht ohne Gesellschaft. Ein Shetland-Pony alleine zu halten ist Tierquälerei, ebenso wie es das bei anderen Rassen ist. Daran gibt es nichts zu beschönigen. Ein weiterer, wichtiger Punkt:

Shetland-Ponys und Kinder sind eine gute Kombination. Aber man sollte ein Auge darauf haben. Die kleinen Engländer können sehr frech werden, wenn sie nicht immer wieder erzogen werden. Außerdem muss man bei Shettys – wie bei den meisten Ponys – mit dem Futter aufpassen. Auf den sturmumtosten Shetland-Inseln wächst nicht viel. Die Ponys mussten sich mit Strandgräsern begnügen, manchmal gab es angeschwemmte Algen dazu. Von Kraftfutter haben sie nicht mal geträumt, weil sie das nicht kannten. Dafür sind sie bis heute gute Schwimmer. Wenn die Herde eine Insel abgeweidet hat, kommt ihr Besitzer mit dem Boot, schnappt sich die Leitstute, nimmt sie am Strick und lässt sie hinter sich her zur nächsten Insel schwimmen. Die Herde – von der Pferdeoma bis zum drei Monate alten Fohlen – paddelt hinterher. Dementsprechend brauchen die Shettys nicht viel – und sie vertragen es auch nicht. Sie müssen mit Verstand gefüttert werden. Mit Hafer und Müsli sollte man sehr sparsam umgehen. Füttert man sie zu viel, können sie schmerzhafte Rehe-Erkrankungen bekommen. Darum gilt: Ein Shetty verwöhnt man nicht mit Leckerli, sondern dadurch, dass man sich Zeit nimmt.

Vor der Kutsche, in der Freiheitsdressur oder bei der fortgeschrittenen Bodenarbeit, es gibt viele Möglichkeiten, mit dem Shetland-Pony Zeit zu verbringen.

Shire Horse

Von den Kleinsten zu den Größten: Shire Horses sind die Kaltblüter, mit denen man auf jeden Fall auffällt. Dabei ist es nicht nur ihre Größe, sondern auch das extravagante Auftreten der bunten Braunen, das imponiert.

Es hat fast etwas Ironisches, dass sowohl die kleinste wie auch die größte Pferderasse der Welt vom englischen Norden und seinen Kohleminen geprägt ist. In den Minen arbeiteten Shettys – und darum herum, nicht nur mit dem Transport von Kohle, sondern auch von tonnenweise Abraum beschäftigt, waren Shire Horses im Einsatz. Sie sind wahre Riesen und haben auch riesige Kräfte.
Der schwere Zug ist daher auch heute noch die Spezialität der Shires – und was könnte repräsentativer sein als ein Viererzug Shire Horses?

Setzt sich ein Shire in Bewegung, dröhnt der Boden unter seinen Hufen.

Breite Blesse und dicker Schopf sind rassetypisch für das Shire Horse.

Das wissen nicht nur die englischen Brauereien, sondern es hat sich inzwischen in aller Welt herumgesprochen. Vor allem in den USA und in Australien werden die sanften Riesen heiß geliebt, aber inzwischen werden sogar in Japan, Kanada, den Niederlanden und Deutschland Shire Horses gezüchtet.

In England werden Shire Horses bei besonderen Show-Veranstaltungen präsentiert und dabei sieht man, wie stolz ihre Besitzer auf sie sind. Sie geben sich große Mühe, ihre Pferde herauszubringen. Früher wurden die Schweife kupiert, heute werden sie kurz eingeflochten und mit bunten Bändern hochgebunden. Auch die Mähnen werden mit Bändern durchflochten, oben stecken darin oft noch die sogenannten „Flights" – kunstvoll gefaltete Schleifen. Die weißen Beine und der Behang schließlich werden mit Spezialöl und Puder behandelt, damit sie wirklich weiß bleiben.

Die Shires sind aber nicht nur vor einer Show sehr pflegebedürftig. Als „rassetypisch" gilt bei ihnen der Kötenbehang an allen vier Beinen. Auf feuchten Koppeln wirkt der lange Behang wie ein nasser Wickel, unter dem sich Mauke, eine bakterielle Hautentzündung in der Fesselbeuge, bildet. Hat ein Shire erst einmal die Bakterien und damit Mauke erwischt, wird es langwierig und aufwändig. Es gibt unzählige Tipps, wie man der Erkrankung wieder Herr wird. Der einfachste wäre: Rasieren! Behang abnehmen und kurz halten, bis die Mauke abgeheilt. Und nein, die Haarstruktur ändert sich nicht durch Eingriffe von außen. Sonst wären Tausende von Männern, die sich täglich rasieren, inzwischen wahre Borstentiere! Rasiert jedenfalls ist es kein Problem, die Fesselbeugen trocken und sauber zu halten, die Mauke würde abheilen und dann könnte man ja, wenn es denn unbedingt sein müsste, den Behang wieder wachsen lassen – und in Zukunft eben sorgfältig darauf achten, dass darunter keine neue Mauke ausbricht.

AUF EINEN BLICK

Kategorie Kaltblut

Zuchtgebiet Ursprünglich England, inzwischen auch USA, Australien, Japan, Deutschland

Größe Hengste mindestens 168 cm, Stuten ab 163 cm, Gewicht um die 1.200 kg

Farben Bevorzugt Braune mit viel Weiß, Schimmel, Füchse sind zur Zucht nicht zugelassen

Exterieur Groß, aber nicht zu massig, gerade oder ramsnasige Profillinie, langer, muskulöser Hals, manchmal etwas steile Schulter, kräftiger Rücken, nur leicht gespaltene Kruppe, lange Beine, viel Kötenbehang

Interieur Gutmütig, liebenswert und sanft

Eignung Freizeitfahren, bedingt Freizeitreiten, nicht für den Westernsattel geeignet

Rasseporträt — Shire Horse

Beim Reiten muss man Rücksicht auf das besondere Exterieur des Shire Horse nehmen.

Für wen eignet sich ein Shire Horse?

Auf den ersten Blick scheinen Shires „reitgeeigneter" als andere Kaltblüter. Sie haben weder die tonnenförmige Brust, die zum Beispiel bei Rheinländern das Satteln so erschwert, noch den dicken Hals, der die Durchlässigkeit zum Problem macht.

Entscheiden Sie sich für ein Shire Horse als Reitpferd, müssen Sie sich, bei aller Begeisterung für die Großen, bewusst sein, dass so ein großes Pferd gewisse „Einschränkungen" mit sich bringt, wenn man es reiten möchte, und darauf Rücksicht nehmen. Auch müssen Sie für die gute Ausbildung Ihres Pferdes reichlich Zeit einplanen. Das Shire Horse ist mental nicht „langsamer" als andere Pferde. Aber sein Exterieur ist besonders und die richtige Muskulatur zum Tragen des Reiters muss gewissenhaft auftrainiert werden.

Sehr viele Shires haben relativ enge Ganaschen. Wenn man versucht, sie in Anlehnung zu reiten, wird es für sie unbequem, weil die Ohrspeicheldrüsen eingeklemmt werden. Dazu kommt, dass sie hoch aufgesetzte Hälse haben. Das birgt immer die Gefahr, dass sie gegen die Hand gehen und dabei einen Unterhals entwickeln. Ergo nimmt beim Shire das „Vorwärts-Abwärts" eine große Bedeutung in der Reitausbildung ein. Das fällt den Großen aber nicht eben leicht, denn Balance ist nicht ihre Stärke.

Balance und Biegsamkeit werden beim „rohen" Pferd üblicherweise mit Boden- und Longenarbeit gefördert, was für einen noch nicht ausgebildeten Shire problematisch ist. Der „normale" 18-Meter-Longierzirkel – die Größe hat sich über die Jahre ergeben, entsprechend ist die Länge der handelsüblichen Longen – ist nämlich für ihn zu klein.

Seien Sie sich bitte bewusst: Je kleiner der Zirkel, desto höher sind die Fliehkräfte, die auf Ihr Pferd einwirken. Die Fliehkräfte in engen Kurven gelten aber als eine Ursache für die Hufrollenerkrankung.
Ein Shire Horse braucht vor allem am Anfang der Ausbildung viel Geduld – und einen Ausbilder, der gut zu Fuß ist. Er muss den Longierzirkel dadurch erweitern, dass er mitläuft, er muss fähig sein, wirklich ausführlich Handarbeit zu machen, denn an der Hand lernt das junge Pferd wichtige Lektionen wie zum Beispiel die Seitengänge – die fördern Biegsamkeit und Balance – am leichtesten.
Wie die meisten Kaltblüter sind Shire Horses Schrittpferde. Sie wurden über Jahrhunderte darauf gezüchtet, in ruhigem, stetigem Schritt schwere Lasten zu ziehen. Trab und Galopp waren nicht gefragt.
Auch in der Haltung müssen Sie einiges beachten: Die normale Standardbox ist für die meisten Shire Horses zu klein. In der Box sollte ein Pferd stehen, sich hinlegen, ruhen und wieder aufstehen können. Dazu braucht es Platz, die Faustformel lautet „Widerristhöhe im Quadrat".
Für die Ausrüstung gilt: Ein Shire kann in den seltensten Fällen „Konfektion" tragen. Vom Stallhalfter über die Gamaschen und Decken bis zum Sattel – das große Pferd braucht sehr oft Spezialanfertigungen, die entsprechend kosten.

Lange, gemütliche Ausritte machen Shire Horse und Reiter glücklich – vorausgesetzt, die Ausrüstung passt.

Tinker sind im Exterieur sehr unterschiedlich, vom kaltblütigen Typ bis zur Ponygröße.

Tinker

Bekommt Ihr Pferd Familienanschluss und jede Menge Streicheleinheiten? Mögen Sie es bunt? Dann sollten Sie sich einmal unter den irischen Tinkern umschauen.

Ich habe eine Bekannte, die nach Irland fuhr, um sich ihr Traumpferd – einen Tinker – auszusuchen. Sie kam mit einem netten Schecken wieder und erzählte im Stall, sie habe das Gefühl, dass ihr Neuer schon Deutsch verstehe. Ein Blick in seine Papiere wies aus, dass er Deutsch vermutlich besser verstand als Englisch oder Gälisch. Er war nämlich in Deutschland geboren und aufgewachsen und hatte, bevor die Bekannte ihn auf einem Pferdemarkt in der Nähe von Galway gekauft hatte, nur drei Wochen bei einem irischen Händler gestanden.

Das kommt heute öfter vor, wobei es natürlich nichts an der Tatsache ändert, dass die Tinker ursprünglich nach Irland gehörten. Allerdings dürften sie deutsche Vorfahren haben: Von Schecken war in Irland erst die Rede, nachdem im 19. Jahrhundert eine ganze Herde Trakehnerschecken importiert wurde. Die bunten Pferde waren besonders bei den Tinkern – so wurden in Irland die Leute genannt, die in Planwägen durchs Land zogen und ihr Geld mit Kesselflicken verdienten – sehr beliebt. Ihnen wurden des Öfteren die Pferde gestohlen, nicht selten von anderen Reisenden. Man fand sie dann zwar wieder, aber meist gab es endlose Streitercien, wem nun welches Pferd gehörte. Mit Schecken war das weniger Thema. Bekanntlich hat jeder von ihnen ein individuelles Muster – und das war in diesen Zeiten so etwas wie die Diebstahlsicherung der Tinker-Pferde.

Die Pavees – so nannte sich das Volk der irischen Reisenden selbst – führten natürlich keine Zuchtbücher. Die Abstammung ihrer Pferde kümmerte sie nicht. Sie mussten kräftig und anständig sein, sie mussten ausdauernd den Wagen ziehen und mit einer Handvoll Hafer und dem Gras, das sie nachts fanden, zurechtkommen. Dabei ließ man die Stuten von den Hengsten decken, an die man eben rankommen konnte. Das Spektrum reichte vom Clydesdale über Connemaras und irischen Huntern zu Vollblütern. Von einer einheitlichen „Rasse" waren die Tinker damals weit entfernt.

In den 1990er-Jahren entdeckten die deutschen Reiter die Tinker – und ein regelrechter Boom brach aus. Auf irischen Pferdemärkten wurde plötzlich Deutsch gesprochen und die Händler kamen kaum mit dem Einkauf nach, um die Nachfrage zu befriedigen. In Deutschland und den Niederlanden begann man mit der Tinkerzucht – und in Deutschland wurde die Zucht ziemlich schnell reguliert. Die Tinker wurden als Rasse von der FN anerkannt und bekamen damit deutsche Papiere.

1998 zogen die Iren nach und gründeten die ICS (Irish Cob Society), die gleich drei Stammbücher eröffnete. Dementsprechend gibt es in Irland drei Sektionen für die Tinker:

Sektion A: Pferd (Stockmaß 160 – 170 Zentimeter)
Sektion B: Kleinpferd (Stockmaß 149 – 159 Zentimeter)
Sektion C: Pony (Stockmaß 128 – 148 Zentimeter).

Das besondere Kennzeichen der Tinker ist natürlich ihre Farbe. Den Tinkerzüchtern wäre es vermutlich am liebsten, wenn alle ihre Fohlen Plattenschecken wären. Die verkaufen sich nämlich am besten. Aber im Erbgut der Tinker steckt auch noch „einfarbig". Es gibt Rappen, Braune, Füchse, Palominos, Graue und Stichelhaarige, allerdings ist man mit der Zucht von Palominos sehr vorsichtig. Die entstehen durch das Auftreten eines Cream-Gens – und von dem ist allzu viel definitiv ungesund. Deswegen schließen die Tinker-Züchter Albinos auch sofort von der Zucht aus und vermeiden dadurch das Auftreten von Erbkrankheiten.

Weiß umrandete „Menschenaugen" sind nicht selten beim Tinker.

Rasseporträt — Tinker

Die Plattenschecken werden von den Tinker-Züchtern in zwei Abteilungen aufgeteilt: Die, die eine weiße Zeichnung am Unterbauch haben, nennt man Splashed oder Blagdon. Die, bei denen das Weiß außerhalb des Kopfes, der Beine und des Unterbauches ist, heißen Coloured.

Für wen eignet sich ein Tinker?

Sattel drauf und los? Das funktioniert beim Tinker leider nicht. Er wurde ursprünglich als Fahrpferd gezüchtet – und für ein Fahrpferd gelten nun einmal andere Anforderungen als für ein Reitpferd. Beim Tinker wirkt sich das dergestalt aus, dass er als Reitpferd besonderes Rückentraining braucht. Sein Rücken ist nämlich oft eher schwach und von Natur aus nicht besonders gut bemuskelt. Deswegen wird teilweise sogar die Empfehlung ausgesprochen, dass Tinker keine Reiter tragen sollten, die mehr als 60 Kilogramm auf die Waage bringen. So weit würde ich nicht gehen – schon gar nicht als „Generalempfehlung". Allerdings würde ich vom Tinker als Gewichtsträger abraten. Das Fundament mag stabil aussehen, aber er tut sich mit dem Vorwärts-Abwärts und damit mit dem Aufbau von Rückenmuskulatur schwer. Wenn ich eine Empfehlung im Zusammenhang mit Tinkern abgeben sollte, wäre es die: Ein Tinker ist nichts für Leute, die wenig Zeit für ihr Pferd haben. Er will ausführlich beschäftigt werden und er braucht

Tinker brauchen Pflege, unter dem üppigen Behang kann sich leicht Mauke bilden.

Ein Tinker kann mit einem guten Reiter in der Dressur bis auf ein hohes Niveau ausgebildet werden.

ein bisschen mehr Ausbildung als ein Warmblüter. Dabei sollte es aber bestimmt nicht darum gehen, durch die Reithalle zu kreiseln. Der Tinker ist intelligent und will Abwechslung. Bodenarbeit macht ihm Spaß und er zeigt sich dabei meist sehr gelehrig. Für Tinker ist zum Beispiel der Spanische Schritt eine wichtige Lektion – nicht nur, weil man beim Training die Beziehung zwischen Ross und Reiter stärken und das Selbstbewusstsein des Vierbeiners aufbauen kann, sondern auch, weil der Spanische Schritt die Schulterfreiheit trainiert. Und bei besonders begabten Pferden kann man aus dem Spanischen Schritt auch den Spanischen Trab entwickeln – und mit dem sehen selbst Pferde, die von Haus aus keinen Supertrab haben, aus, als ob sie die Lichter austreten könnten.

Tinker haben meist recht ordentliche Grundgangarten. Es reicht nicht so weit, dass sie als Dressurpferde auf dem großen Viereck brillieren könnten, aber eine saubere A- und L-Dressur sind drin. Springen ist dafür nicht die Stärke der bunten Iren. Sie kommen im Gelände einmal über einen Bach und einen Baumstamm, aber Parcoursspringen ist normalerweise nicht ihr Ding. Dafür sind sie aber, wenn sie genügend Kondition haben, wackere Geländepferde, die draußen gute Nerven und Durchhaltevermögen zeigen.

AUF EINEN BLICK

Kategorie Farbzucht

Zuchtgebiet Irland, Deutschland

Größe 128 bis 170 cm

Farben Rappen, Braune, Füchse, Palominos, Stichelhaarige, besonders begehrt sind Plattenschecken

Exterieur Kompaktes, muskulöses Pferd, manchmal mit Ramsnase, kurzem, geradem Rücken, teilweise mit gespaltener Kaltblutkruppe

Interieur Gutmütig, intelligent, fleißig, sehr auf den Menschen bezogen

Eignung Freizeitreiten und -fahren

Trakehner

Der Name „Trakehnen" stand über Jahrhunderte für ganz besondere Pferde. Ihr Adel, ihre Härte und ihre Intelligenz waren legendär und sie haben damit eine knallharte Leistungsprüfung überstanden.

In Ostpreußen war der hübsche Fuchs nie sonderlich aufgefallen. Er war gut genug, dass man ihn gekört und als Landbeschäler auf einer der vielen Deckstationen eingestellt hatte, aber außer seinen Pflegern ahnte keiner, was in ihm steckte. Bei den Menschen, die mit ihm zu tun hatten, war er allerdings be- und geliebt. Sie mochten seinen Charme, seinen Anstand, sein Stehvermögen und seine Kooperationsbereitschaft. Deswegen war es keine Frage, wen der Gestütswärter sattelte, als am 17. Oktober 1944 der Befehl kam, das Gestüt zu räumen und mit den Stuten nach Westen zu flüchten.

Julmond – so hieß der Fuchs – machte sich auf den langen Weg, der ihn und die Stuten übers verschneite Haff von Ostpreußen nach Schleswig-Holstein führte. Dabei war es entsetzlich kalt, das Futter war knapp und die Pferde hatten in den seltensten Fällen eine Chance, die Nächte in einem Stall zu verbringen. Unzählige Stuten blieben

AUF EINEN BLICK

Kategorie Warmblut

Zuchtgebiet Deutschland

Größe 160 bis 170 cm

Farben Alle Farben, Schimmel sind selten, Plattenschecken kommen vor und werden sehr teuer bezahlt.

Exterieur Elegantes Blutpferd mit edlem Kopf, schräger Schulter, eher langem Rücken und korrektem Fundament

Interieur Temperamentvoll, intelligent, menschenbezogen, manchmal sensibel

Eignung Vielseitiges Sport- und Freizeitpferd

Keine deutsche Reitpferderasse kam ohne die Härte der Trakehner aus.

Trakehner haben viel Vollblut und dementsprechend bewegen sie sich gerne.

auf der Strecke. Doch Julmond schaffte es. Klapperdürr kam er in Holstein an. Von dort kam er als Landbeschäler nach Warendorf ins Westfälische Landgestüt.

An der Stelle endete seine Geschichte fast. Für die Westfalen-Stuten „passte" er nämlich nicht, und so wurde er vom Beschäler zum Wirtschaftspferd degradiert: Er zog Erntewägen und ging vor dem Pflug, doch dann sollte er dem Rotstift zum Opfer fallen. Seine Freundlichkeit rettete ihn: Die Gestütsleute sammelten für ihn und brachten ihn so über die Runden.

Julmonds Glück war, dass eines Tages der Fürst von Kniep und Oynhausen einen Weidenhengst für seine kleine Trakehnerherde suchte. Er hatte von dem zähen Fuchs gehört und kaufte ihn. Bei ihm fand Julmond dann auch endlich Partnerinnen, die zu ihm passten. Nun fielen die Julmond-Fohlen auf – und zwar Dr. Georg Wenzler, dem baden-württembergischen Landoberstallmeister. Er kaufte kurzerhand den über 20-jährigen Hengst samt seinem Nachwuchs. In Marbach im baden-württembergischen Haupt- und Landgestüt bezog Julmond eine Box als Hauptbeschäler – und mit ihm und seinen Söhnen gelang die Umzucht der Württemberger zum eleganten Reitpferd.

Julmonds Geschichte ist exemplarisch. Er war einer von den 40 Hengsten, die es im Winter 1944 nach Westen geschafft hatten. Sie trafen auf rund 800 Stuten, teilweise aus dem Bestand des Gestüts Trakehnen, teilweise aus Privatbesitz. Viele von ihnen hatte keine Papiere mehr, aber sie waren immer noch am Brand zu erkennen: Die doppelte Elchschaufel für die Gestütspferde, die einfache für Trakehner, die außerhalb geboren waren, aber deren Eltern im Stammbuch standen.

Trakehnerköpfe sind edel.

Rasseporträt — Trakehner

Für wen eignet sich ein Trakehner?

In den 70ern und 80ern des vorigen Jahrhunderts kippte das Image der Trakehner. Hatten sie bis dahin immer als besonders edle, zuverlässige und harte Reitpferde gegolten, meckerte man jetzt darüber, dass sie zu klein seien, nervös, zur Hysterie neigend, nervlich nicht belastbar.

Zwar gab es immer wieder Trakehner, die das Gegenteil bewiesen, aber in der Reiterei halten sich manche Vorurteile über Generationen. Wenn Sie heute einen Trakehner kaufen, können Sie sicher sein, dass sich in Ihrem oder im Nachbarstall jemand findet, der Sie mit skeptischem Blick fragt, ob Ihr Neuer denn auch „klar im Kopf" sei.

Sitzen Sie dem Vorurteil nicht auf! Trakehner sind nicht per se schwierig. Ganz im Gegenteil – es gibt unter ihnen recht viele, die sogar ausgesprochen gute Nerven haben. Allerdings: Trakehner sind, wie ein norddeutscher Freund von mir einmal sagte, „einen Happen heller" als andere Warmblüter. Sie sind vielleicht auch ein wenig sensibler – die meisten modernen Trakehner sind Halbblüter und kommen nach ihren Vollblutvorfahren. Aber wie sich das auswirkt, ist eine Frage

Unzählige Reitschüler haben bei vierbeinigen Professoren mit Trakehnerbrand gelernt.

Einer der großen Vorzüge der Trakehner: Sie sind vielseitig und unglaublich leistungsbereit.

dessen, wie Sie Ihren „Traki" halten und reiten. Er ist einigermaßen anspruchsvoll insofern, dass er als „Partner" und nicht als bloßer Befehlsempfänger behandelt werden will. Er reagiert negativ auf Zwang und Druck, ist aber da, wo er sich geschätzt weiß, ein sehr kooperativer Partner. Und nun denken Sie an Julmond: Was ihn ausgezeichnet und bei seinen Menschen so beliebt gemacht hat, war seine Bereitschaft, sich ihnen zu öffnen.

Unter der Bedingung, dass Sie sich wirklich auf Ihren Trakehner einlassen, haben Sie mit ihm ein Pferd für alle Fälle. Beim Trakehner stimmt der Satz, dass bei Pferden das schön ist, was ein gutes Reitpferd ausmacht. Das geht beim edlen Kopf los – zu dem gehören nämlich Ganaschen, die genug Luft für die Anlehnung lassen. Der nicht zu lange Hals ist so angesetzt, dass er optimal als Balancierstange dienen kann, die Schulter ist beim Trakehner üblicherweise schön schräg und lässt damit Platz für guten Muskelansatz. Der konturierte Widerrist, der elastisch schwingende Rücken, die runde Kruppe und das ebenso korrekte wie harte Fundament sehen nicht nur gut aus, sondern sprechen auch von Haltbarkeit und Geschmeidigkeit. Balance ist für Trakehner normalerweise kein Problem, die meisten sind schon als ungerittene Pferde biegsam und elastisch.

Trakehner sind im wahrsten Sinne des Wortes vielseitige Pferde. Sie eignen sich für Springen und Dressur. Ob Sie aufs Turnier wollen oder Wanderritte lieben, ob Sie auf der Jagd Spaß haben oder im Trailparcours überzeugen wollen – Ihr Trakehner ist für jede Herausforderung offen.

Welsh-Ponys stehen für die Vielfalt, was Typen und was Farben betrifft.

Welsh-Pony

Manche Pferde sind so gut, von denen kann man gar nicht genug bekommen. Dazu gehören die Welsh-Ponys – und weil dem so ist, gibt es sie gleich in vier verschiedenen Ausführungen.

Es gibt einiges, worauf die Waliser stolz sind: ihre Fahne mit dem roten Drachen, ihre Sprache und ihre Pferde. Die sind so etwas wie der Urtyp des Reitponys und Kleinpferdes: robust, dabei aber durchaus im Reitpferdetyp stehend, mit elastischen, fördernden Gängen und einigem Springvermögen, ausgesprochen smart und vor allem sehr menschenbezogen und kinderlieb.

Allerdings hat man sich in Wales nie auf einen Typ festgelegt. Welsh-Ponys stehen auch für Vielfalt und dafür, dass man – wenn man nicht eben zum Riesen heranwächst – ein Leben lang immer das passende Pferd unter ihnen findet. Dabei bieten sie übrigens auch alle Farben – außer Schecken. Das Spektrum reicht vom Rappen über den Braunen und Fuchs zum Schimmel und umfasst dabei auch Falben, Palominos, Cremellos und Perlinos.

Gemeinsam haben alle vier Welsh-Typen die Herkunft. Sie stammen von den in England einheimischen Pferden ab und haben im Lauf der Jahrhunderte einiges an Vollblut abbekommen – was man nun auch an ihrem durchaus edlen Kopf und den großen Schultern sieht. Geprägt wurde die Rasse durch Wales in Englands Westen: 1.200 Kilometer Küstenlinie mit Felsen und weit auslaufenden Stränden, im Landesinnern Hochmoore, weitläufige Wälder und das Kambrische Gebirge. Die höchsten Berge darin sind der Snowdon (walisisch: Yr Wyddfa) mit 1.085 Meter und der Aran Fawddwy mit 905 Meter.

Das klingt zunächst einmal nicht nach viel, aber bitte bedenken Sie, dass Wales auf der Höhe des Meeresspiegels ist – und damit sind 1.000 Meter Erhebung doch recht beachtlich.

In den Bergen werden die Ponys halbwild in großen Herden aufgezogen. Sie entwickeln dort ihr Sozialverhalten, aber auch Muskeln und ihre enorme Trittsicherheit.

Für wen eignet sich ein Welsh-Pony?

Schauen wir uns die Welsh-Ponys doch genauer an, damit Sie sehen, welcher Typ denn zu Ihnen und Ihren Vorlieben passt.

SEKTION A: WELSH-MOUNTAIN-PONY

Die kleinsten unter den Welsh-Ponys mussten früher als Grubenponys in den Waliser Kohlenminen ran. Heute bleibt ihnen das erspart, dafür hat man ihr Talent als Kinderreitpony entdeckt. Die Kleinen sind nämlich nicht nur hübsch, sondern haben meist auch Spring- und Dressurveranlagung. Ich habe eine Bekannte, selbst ambitionierte Dressurreiterin. Als es bei ihrem Söhnchen ums erste Pferd ging, machte sie sich Sorgen, dass der auf einem „Trippel-Trappel-Pony" ja gar nicht den korrekten Sitz erlernen könne, um nachher einen richtig schwungvoll tretenden Warmblüter reiten zu können. Doch dann

Das Welsh-Mountain-Pony hat tolle Gänge, obwohl es das kleinste ist.

AUF EINEN BLICK

Kategorie Pony

Zuchtgebiet Wales

Größe
Welsh-Mountain-Pony bis 122 cm
Welsh-Pony bis 137 cm
Welsh-Pony im Cob-Typ bis 137 cm
Welsh Cob über 137 cm

Farben Alle Farben außer Schecken

Exterieur Je nach Typ elegantes oder eher robustes Pony mit hübschem Kopf und korrektem Fundament

Interieur Gelehrig, menschenbezogen, gescheit und liebenswert

Eignung Je nach Typ Sport-, Freizeit-, Fahr- und Jagdpferd

Rasseporträt — Welsh-Pony

fand sie Daisy – und die kleine, braune Welsh-Mountain-Pony-Dame war nicht nur sehr hübsch und umwerfend charmant, sondern hatte dazu richtig gute Gänge. Daisy war eine sehr selbstbewusste Stute und sie hatte Nerven wie breite Nudeln. Auf Daisy war Verlass – und als ihr junger Reiter über sie hinausgewachsen war, blieb sie in der Familie. Seine zierliche Mutter hatte sich mittlerweile an die Kleine gewöhnt und genoss es, sie zu reiten. „Einmal Kreuz und Schenkel dran, dann hat sie die Hinterhand drunter, marschiert los und man kann sie am Fädelchen durch alle Lektionen reiten."

SEKTION B: WELSH-PONY

Ihr Kind ist schon etwas größer oder Sie sind keine Elfe, wollen aber trotzdem ein Welsh-Pony reiten? Dann sind Sie vermutlich mit einem aus der Sektion B gut bedient. Das sind die Sportler im Kleinformat – und dabei ausgesprochen elegant. Bei den Welsh B kommt der Vollblutanteil der Welsh am meisten durch. Er zeigt sich im ausgesprochen schönen, oft deutlich arabisch angehauchten Kopf mit den großen Augen und den schnuckeligen Pony-Ohren, der schrägen Schulter, dem gut ausgeprägten Widerrist, dem kompakten Rücken und der melonenförmigen Kruppe. Dazu gehört ein ganz korrektes Fundament mit kleinen, festen Hufen, das Welsh B hat fast immer richtig gute Grundgangarten. Die Ponys haben das, was man „Gummi" nennt, und das sorgt nicht nur dafür, dass sie bei entsprechender Ausbildung eine gute Figur machen, sondern auch für Springvermögen. Manche von ihnen können sogar einem Großpferd zeigen, was eine Harke ist, weil sie das, was ihnen an Größe fehlt, durch ihre Geschmeidigkeit wettmachen. Um einen Fan zu zitieren: „Unser Gummiball wickelt sich, wenn es sein muss, die Vorderbeine um die Ohren, um über den Sprung zu kommen."

Welsh-Ponys der Sektion B sind die Sportler im Kleinformat.

SEKTION C: WELSH-PONY IM COB-TYP

Die C-Welsh-Ponys sind in England nicht nur als Kinderreitpferde beliebt. Sie sind stabiler als die Welsh B, haben meist einen hervorragenden Trab und Galopp, können springen und sind ausgesprochen mutig. Darum werden sie besonders gerne als Jagdpferde für Amazonen eingesetzt. Freundlich wie sie sind, machen sie sich auch als Begleiter für Jugendliche gut. Mit ihnen ist fast alles möglich: Dressur, Springen, Vielseitigkeit, Wanderreiten, Geschicklichkeits-Parcours und in England natürlich die Mountain Games, die beliebten Ponyspiele, bei denen Geschicklichkeit und Kooperation mit dem Reiter gefragt sind. In der Sektion C werden Ponys unter 137 Zentimeter Stockmaß eingetragen, die aus folgenden Kombinationen entstanden sind: A-C, A-D, C-C, C-D.

SEKTION D: WELSH COB

In der Sektion D stehen die „Großen", die über 137 Zentimeter Stockmaß aufweisen. Dazu passt der Name „Cob" – den kann man nämlich mit „Brocken" übersetzen. Typisch für den Welsh D ist die Stabilität mit einem kompakten, kräftigen Rücken und einem sehr stabilen Fundament. Innerhalb der Sektion D gibt es zwei Typen. Die einen sind die kompakten Sportler mit Vorwärtsgang. Sie sind ebenso elastisch wie effizient unterwegs, ihre Hufe bleiben relativ „bodennah". Sie springen ausgesprochen gut, haben genug Stehvermögen für Jagden und Wanderritte und sie machen in der Dressur eine gute Figur. Der andere Typ ist der ursprüngliche Welsh Cob, der vorwiegend als Fahrpferd eingesetzt wurde und bei dem man aufwändige Knie-Aktion sehen wollte. Um die zu erreichen, wurden Hackneys eingekreuzt. Denen haben ein Teil der Welsh Cob den Kötenbehang zu verdanken.

Welsh-Ponys im Cob-Typ werden auch gerne von zierlichen Erwachsenen geritten.

Der Welsh Cob ist kräftig und verfügt über ein stabiles Fundament.

SERVICE
— zu guter Letzt

NÜTZLICHE ADRESSEN

Die aktuellen Adressen der Zuchtverbände finden Sie auf der jeweiligen Homepage der nationalen oder internationalen Vereinigungen.

Deutsche Reiterliche Vereinigung (FN)
Freiherr-von-Langen-Str. 13
D-48231 Warendorf
Tel. +49-(0)2581-63620
pferd-aktuell.de

Vereinigung der Freizeitreiter und -fahrer in Deutschland (VFD)
Christiane Ferderer
Zur Poggenmühle 22
D-27239 Twistringen
Tel. +49-(0)4243-942404
vfdnet.de

Österreichischer Pferdesportverband (OEPS)
Geiselbergstraße 26-32/Top 512
A-1110 Wien
Tel. +43-(0)1-7499261
oeps.at

Schweizerischer Verband für Pferdesport (SVPS)
Papiermühlestr. 40 H
Postfach 726
CH-3000 Bern 22
Tel. +41-(0)31-3354343
fnch.ch

ZUM WEITERLESEN

Amler, Ulrike: **Alles übers Reiten**, Basiswissen Pferd, Reiten lernen; KOSMOS 2016
Dieses Buch beantwortet alle Fragen, die Reiteinsteiger interessieren. Leicht verständlich geschrieben, mit praktischen Tipps und zahlreichen Fotos begleitet es den Pferdefreund von der Suche nach dem passenden Reitstall bis zu den ersten Reitabzeichen.

Behling, Silke/ Binder, Sibylle L./Schriever, Anja: **Pferde verstehen, erziehen und reiten**; KOSMOS 2016
Wie erkenne ich, ob es meinem Pferd gut geht? Wie erziehe ich das Pferd zu einem zuverlässigen Partner? Und wie werde ich selbst zum guten Reiter? Mit über 400 Fotos macht es dieser Foto-Ratgeber leicht, zu einer guten Partnerschaft mit dem Pferd zu finden.

Marlie, Wolfgang: **Pferde – wie von Zauberhand bewegt**; Edition WuWei bei KOSMOS 2016
Es muss kein Traum bleiben, Pferde wie von Zauberhand bewegen und reiten zu können. Wolfgang Marlie widmet sich seit Jahrzehnten der Frage, wie sich Mensch und Pferd näherkommen und eine gute Basis der Verständigung finden können, damit sich beide wohlfühlen. Auch als E-Book erhältlich.

Schöpe, Sigrid: **Bodenarbeit mit Pferden**, Abwechslungsreiche Übungen, die Spaß machen; KOSMOS 2017
Egal ob Warmblut, Araber oder Shetland-Pony – Bodenarbeit gymnastiziert jedes Pferd, schafft Vertrauen und bringt Abwechslung in den Alltag von Pferd und Reiter. Sigrid Schöpe erklärt Bodenarbeit Schritt für Schritt – von einfachen Lektionen bis zum Zirkustrick.

Wissenswertes rund um das Thema Pferd finden Sie auf
facebook.com/kosmos.pferde

Impressum

BILDNACHWEIS

Mit Farbfotos von Christiane Slawik (großes Bild Innenklappe, Klappe 1 unten, Seite 2, 3, 7, 8, 15, 24, 25, 26, 27, 28, 29, 30, 31, 32, 33, 34/35, 35, 36, 37, 38, 39, 40, 41, 42, 43, 44, 45, 46, 47, 48, 49, 50, 52, 53, 54, 55, 56, 57, 58, 59, 60 r., 61, 62, 63, 64, 65, 66, 67, 72, 73, 74, 75, 77, 78, 79 o., 80, 81, 82, 83, 84, 85, 86, 87, 88, 89, 92, 93, 94, 95, 96, 97, 98, 99, 100, 101, 102, 103, 104, 105, 106, 107, 108, 109, 110, 111, 112, 113, 114, 116, 117, 118, 119, 120, 121, 122, 123, Klappe 3 unten). Weitere Bilder sind von Maresa Mader (Klappe 1 Mitte, Seite 76, 79 u., 125); Maresa Mader/Kosmos (Seite 4/5, 6, 10 u., 10/11, 11, 13, 14, 16, 18, 19, 20, 22/23, Klappe 4 unten); Gabriele Metz/Kosmos (Seite 21, 115); Sabine Stuewer (Klappe 1 oben, Seite 68/69, 69, 70, 71); Sandra Reitenbach (Seite 60 l., 90, 91, 124) und Horst Streitferdt/Kosmos (Seite 9, 12, 17, 51).

IMPRESSUM

Umschlaggestaltung von GRAMISCI Editorial Design, Cornelia Sekulin, München, unter Verwendung von zwei Farbfotos von Christiane Slawik.
Das Bild auf der Umschlagvorderseite zeigt einen Tinker.

Mit 142 Farbfotos.

Alle Angaben und Methoden in diesem Buch sind sorgfältig recherchiert, erwogen und geprüft. Sie entbinden den Pferdefreund nicht von der Eigenverantwortung für sein Tier und sich selbst. Die Anwendung der beschriebenen Methoden liegt in eigener Verantwortung. Der Verlag und die Autorin übernehmen keine Haftung für Personen-, Sach- oder Vermögensschäden, die aus der Anwendung der vorgestellten Materialien und Methoden entstehen.

Unser gesamtes Programm finden Sie unter **kosmos.de**.
Über Neuigkeiten informieren Sie regelmäßig unsere Newsletter, einfach anmelden unter **kosmos.de/newsletter**

Gedruckt auf chlorfrei gebleichtem Papier

© 2017, Franckh-Kosmos Verlags-GmbH & Co. KG, Stuttgart
Alle Rechte vorbehalten
ISBN 978-3-440-14940-9
Redaktion: Birgit Bohnet
Gestaltungskonzept: Peter Schmidt Group GmbH, Hamburg
Gestaltung und Satz: Atelier Krohmer, Dettingen/Erms
Produktion: Claudia Frank
Druck und Bindung: Print Consult GmbH, München
Printed in Slovakia / Imprimé en Slovaquie

Welches Pferd passt zu mir?
— Die Rassen in der Übersicht

	S	B	G	W	T1	T2	T3
Achal-Tekkiner	◊		◊		◊		
Appaloosa			◊	◊	◊	◊	◊
Arabisches Vollblut			◊	◊	◊	◊	
Camargue-Pferd		◊	◊		◊	◊	◊
Clydesdale			◊		◊	◊	◊
Connemara-Pony	◊		◊		◊	◊	
Criollo	◊		◊	◊	◊	◊	
Deutsches Reitpony	◊		◊		◊		
Deutsches Warmblut	◊		◊		◊		
Englisches Vollblut	◊		◊		◊		
Fjordpferd			◊	◊	◊		◊
Freiberger			◊		◊	◊	◊
Friese		◊	◊		◊		
Haflinger	◊		◊		◊	◊	◊
Islandpferd	◊		◊		◊	◊	◊
Knabstrupper		◊	◊		◊		
Lipizzaner		◊	◊		◊		
Lusitano		◊	◊		◊	◊	
Noriker			◊		◊	◊	◊
Paint Horse			◊	◊	◊	◊	◊
Palomino			◊		◊	◊	
Paso Fino			◊		◊	◊	◊
Paso Peruano			◊		◊	◊	
Percheron			◊		◊	◊	◊
Pura Raza Española		◊	◊		◊	◊	
Quarter Horse			◊	◊	◊	◊	◊
Schwarzwälder Fuchs			◊		◊	◊	
Shetland-Pony			◊		◊	◊	
Shire Horse			◊		◊		
Tinker			◊	◊	◊		
Trakehner	◊		◊		◊	◊	
Welsh-Pony	◊		◊	◊	◊	◊	◊

Die faszinierende Welt der Pferde

Sibylle Luise Binder hat im Laufe ihrer Ausbildung viele Pferdekenner vom alten Schlag persönlich kennengelernt. Ihr Buch versammelt das unschätzbar wertvolle Wissen, das diese im lebenslangen Umgang mit Pferden gewonnen haben. Es hilft, Pferde besser zu beurteilen, Reitprobleme zu lösen und bietet alltagserprobte Tipps zu Zucht, Haltung, Gesundheit und Ausbildung. Ein besonderer Geschenkband mit wunderbaren Fotos – für alle, die überliefertes Wissen erhalten und Pferdekultur bewahren möchten.

176 Seiten, ca. €(D) 24,99

Die Vielfalt der Pferderassen ist groß und jede Rasse hat ihre Liebhaber. Sibylle Luise Binder gibt Einblicke in die Besonderheiten der Rassen und stellt herausragende Pferde in kurzen Porträts mit Infos zu Herkunft, Eignung, Temperament und Wesen vor. Wunderschöne Fotos laden dazu ein, sich nicht nur mit der eigenen Lieblingsrasse zu befassen, sondern auch über die Pferde anderer Länder und Zuchten zu lesen.

256 Seiten, ca. €(D) 29,99

kosmos.de